REIMER

Kunstwissenschaften

Leonhard Helten

Architektur

Eine Einführung

Bibliografische Information der Deutschen Nationalbibliothek
Die Deutsche Nationalbibliothek verzeichnet diese Publikation in der
Deutschen Nationalbibliografie; detaillierte bibliografische Daten
sind im Internet über http://dnb.d-nb.de abrufbar.

© 2009 by Dietrich Reimer Verlag GmbH, Berlin
www.reimer-verlag.de

Lektorat: Verena Feltes, Berlin
Layout und Umschlaggestaltung: Nicola Willam, Berlin
Umschlagabbildung: Leonhard Helten, Halle

ISBN 978-3-496-01354-9

Inhalt

Vorwort

Die Idee zur vorliegenden Einführung gaben der Verleger Friedrich Kaufmann und der Kunsthistoriker Heinrich Dilly, den Stoff meine Proseminare zur Architektonischen Formenlehre für Studenten der Kunstgeschichte und Denkmalpflege an den Universitäten Trier und Halle-Wittenberg. Für die Buchform notwendig neu aufgebaut, richtet sich dieser Einstieg entschieden an Leser ohne Vorkenntnisse und kann an einem einzigen schönen Tag gelesen werden. Er zeigt auf, wie Bauformen und Bautypen von der Antike bis zur Gegenwart entstehen, vermittelt die entsprechende Fachterminologie und ein Grundverständnis für tektonische Problemstellungen quer durch die Jahrhunderte.

Auf dem Weg von der ersten Idee bis zum Abschluss des Manuskripts profitierte das Werk nicht zuletzt von einigen Denkpausen, die indes dem Verlag schon einige Geduld abverlangten. Ich danke hier ganz besonders Beate Behrens für ihr großes Vertrauen, Verena Feltes für das sachkundige und kluge Lektorat und Christine Straube für die professionelle Bearbeitung der Bildvorlagen. Meiner Familie danke ich für die stete Unterstützung dieser Arbeit und für den festen Rückhalt durch alle Wetter, besonders meiner Mutter Sybilla, ihr ist dieses Buch zugeeignet.

Halle, im Frühjahr 2009

I Architektur ohne Architekten

Architektur steht für einen universellen Anspruch, das lateinische *architectus* ist Prädikat und Profession, also Qualitäts- und Berufsbezeichnung zugleich. Aber wer vermag normative Grenzlinien zu ziehen zwischen Architektur und bloßem Bauen? Insbesondere wenn unser Blick weit über die europäisch geprägte Architekturgeschichte als wissenschaftliche Disziplin hinausreicht. So zeichnen sich bei Tongguan in der chinesischen Provinz Henan dunkle Quadrate in einer flachen Landschaft ab, es sind aus dem Lößboden ausge-

Abb. 1: Höhlen bei Tongguan

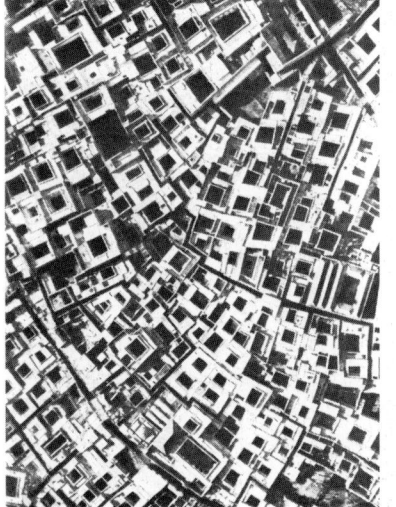

Abb. 2: Altstadt von Marrakesch   Abb. 3: Positano an der Amalfiküste

höhlte Wohnungen, Gruben von etwa 500 m² mit Wohnungen, deren Zimmer
etwa 9 m lang und 4,5 m breit und hoch sind: die Wohnungen unten, die
Felder darüber. Die Wohnungen sind warm im Winter und kühl im Sommer.
Nicht nur Wohnungen, sondern auch Fabriken, Schulen und Hotels sind
dort unterirdisch angelegt. Anders Marrakesch, ein Musterbeispiel einer
islamischen Stadt mit viereckigen Häusern, die um Innenhöfe angelegt sind.
Es gibt keine durchgehenden Verkehrsstraßen, nur enge Gassen, Restflächen
zwischen Häusergruppen, hierin vergleichbar der italienischen Bergstadt Positano an der Amalfiküste. Die Beispiele sind der Ausstellung „Architecture
without Architects" aus dem Jahre 1964 im Museum of Modern Art in New
York entnommen, einer Einführung von Bernhard Rudofsky in die anonyme
Architektur, eine Architektur ohne Architekten.
   Rudofsky trat damals als Apologet einer weithin unbeachteten Volks-
architektur auf, die er den etablierten Bauten der europäischen Architekturgeschichte, er nannte sie Bauten „von Privilegierten für Privilegierte"
(Rudofsky), entgegenstellte. Auch die nachstehenden Bauwerke sind auf je
eigene Weise Beispiele anonymer Architektur:
   Rechts Kornspeicher in der spanischen Provinz Galizien, die auf Granit-
pfeilern mit großen Steinscheiben ruhen. Ihre mächtigen Giebelfronten lassen
uns an Sakralbauten denken. Darunter ein Modell eines griechischen Tempels
aus der Zeit um 700 v. Chr. Warum erkennen wir in diesem Modell einen

Abb. 4: Getreidespeicher in Galizien

Abb. 5: Modell eines Tempels, um 700 v. Chr.

Abb. 6: Zeichnung von Sylvie Diss „Notre   Abb. 7: Marc-Antoine Laugier, „Essai
Maison", 1993   sur l'Architecture", 1755, Frontispiz

Tempel und nicht etwa ein Wohnhaus? Für die Deutung als Tempel sprechen
die Treppenstufen, der Vorbau auf Säulen und das aufwendige Dekorum. Was
damals auch immer intendiert gewesen sein mag, noch knapp dreitausend Jahre
nach der Fertigung dieses Tempelchens sind uns heute solche Würdeformen
unmittelbar eingängig.

Ebenso eingängig sind uns elementare Bausteine der Bauaufgabe Haus.
Sylvie Diss aus Montpellier malte ein Haus (Abb. 6) unter dem ganz hohen
südfranzösischen Himmel, der hier als schmaler Streifen das Bild nach oben
hin abschließt. Sie sitzt mit ihrer Schwester am Tisch, die Fenster kleben, ganz
weit nach außen gerückt, unter dem Dachgiebel und der Schornstein folgt der
Dachneigung. Es ist in seiner Grundform gar nicht so unähnlich dem, was der
Jesuit Marc-Antoine Laugier in seinem „Essai sur l'Architecture" aus dem
Jahre 1753 als das Modell bezeichnete, „von dem alle Herrlichkeit der Architektur ihren Ausgang nahm" (Laugier, 34). „Die wesentlichen Bestandteile",
so Laugier zu dem hier abgebildeten Modell seiner Urhütte, „sind einzig und
allein Säule, Gebälk und Giebel. Wenn sich jeder dieser drei Teile am richtigen
Platz findet und in der ihm gemäßen Form, gibt es nichts, was man noch zur
Vollkommenheit des Werkes hinzufügen könnte" (Laugier, 35).

Bewohnbar ist dieses vollkommene Werk jedenfalls nicht. Es fehlen vor allem die Wände und nicht zuletzt ein solides Dach. Die Verbindung von Wand und idealiter freistehender Säule benennt ein Grundproblem in der Geschichte der Architektur, aber eben nur ein Grundproblem der *abendländischen* Architektur.

II   Säulenordnungen und Wandsysteme

Über den „Ursprung der Gebäude" berichtet der römische Architekt Vitruv im ersten Jahrhundert vor Christi Geburt im zweiten Buch seiner „Zehn Bücher über die Baukunst". Es ist das einzige aus dem Altertum erhaltene Werk über das Gesamtgebiet der Architektur, ein Fachbuch: viel Text, keine Abbildungen. Vitruv holt weit aus: „In der Urzeit kamen üblicherweise die Menschen wie die wilden Tiere in Wäldern, Höhlen und Hainen zur Welt" (Vitruv, 79), schreibt er, als es dann durch die Entdeckung des Feuers zu einem Zusammenschluss von mehr Menschen an *einer* Stelle kam, „begannen in dieser Gemeinschaft die einen, aus Laub Hütten zu bauen, andere, am Fuß von Bergen Höhlen zu graben; einige ahmten auch die Nester der Schwalben nach und stellten aus Lehm und Reisig Behausungen her, um dort unterzuschlüpfen" (Vitruv, 81). Ausführlich spricht Vitruv im Anschluss über die verschiedenen Baustoffe – über die Ziegel, vom Sand, vom Kalk, über die Puteolanerde rund um den Vesuv, von den Steinbrüchen, über die Arten des Mauerwerks, vom Bauholz und der Obermeer- und der Untermeertanne. Wichtig bleibt seine erste Feststellung: der Ursprung der Gebäude bedingt menschliche Gemeinschaft.

„Über die Entstehung der drei Säulenordnungen" handelt Vitruv dann im anschließenden vierten Buch. Als die Menschen für einen Tempel ihres Gottes Apollon, Säulen errichteten wollten, schreibt Vitruv, suchten sie danach. „wie sie es fertig bringen könnten, dass [die Säulen] zum Tragen von Lasten geeignet wären und zugleich im Anblick eine bewährte Anmut böten". Da maßen sie „den Abdruck eines männlichen Fußes und setzten dieses Maß zur Höhe [der Säule] in Beziehung. Als sie dann bemerkt hatten, daß der Fuß beim Manne der sechste Teil der Körperhöhe war, übertrugen sie dies [Maßverhältnis] ebenso auf die Säule, und sie machten die Säule einschließlich des Kapitells sechsmal so hoch, wie sie den Schaft unten dick machten. So begann die dorische Säule die Proportion, die Stärke und die Anmut des männlichen Körpers an den Tempeln zu zeigen" (Vitruv, 171).

Anders bei der späteren Errichtung eines Tempels der Göttin Diana. Hier legten sie die weibliche Schlankheit als Maß zugrunde und gestalteten die Säulendicke im Verhältnis zur Höhe 1:8. „Am Kapitell brachten sie rechts

Abb. 8: Säulen: dorisch, ionisch, korinthisch

Abb. 9: Kapitell einer dorischen und ionischen Säule,
Athen, Propyläen

Abb. 10: Rom, Kolosseum

und links Voluten an, die wie gekräuselte Haarlocken bei der Frauenfrisur
vorhingen; die Stirnseiten schmückten sie mit Wülsten und Fruchtgeschnüren
an Stelle der schön gekämmten Haupthaare, und an dem ganzen Säulenschaft
ließen sie Streifen (Kanneluren) herabgehen, wie bei Frauengewändern
Gewandfalten üblich sind. So erfanden sie durch zwei unterschiedliche Ent-
lehnungen zwei Säulen, eine vom männlichen Körper […], die andere mit
fraulicher Zierlichkeit" (Vitruv, 171).

Die dritte Bauweise schließlich, die korinthisch genannt wird, ahme nach
Vitruv in ihren Proportionen 1:10 jungfräuliche Zartheit nach. Das zugehö-
rige Kapitell mit seinen beiden Akanthusreihen sollte Laugier später als ein
Meisterwerk bezeichnen, das allen anderen Kapitellformen überlegen sei:
vollkommene Anmut und gleichzeitig größte Pracht.

So erhellend die bei Vitruv angelegte Rückführung der Säulenordnungen
auf den Menschen, auf männliche, weibliche und jungfräuliche Charaktere
auch ist, kanonisiert werden sollte sie erst in der Renaissance mit einem
Grad der Festschreibung der Säulenordnungen, die der Antike fremd war.
Sebastiano Serlio (1475–1554) ging sogar soweit, dass er die dorische
Ordnung für Kirchen empfahl, die extrovertierten und militanten Heiligen
wie etwa dem hl. Paulus, dem hl. Petrus oder dem hl. Georg geweiht waren,
das Ionische für mütterliche Heilige aber auch für gelehrte Männer und die

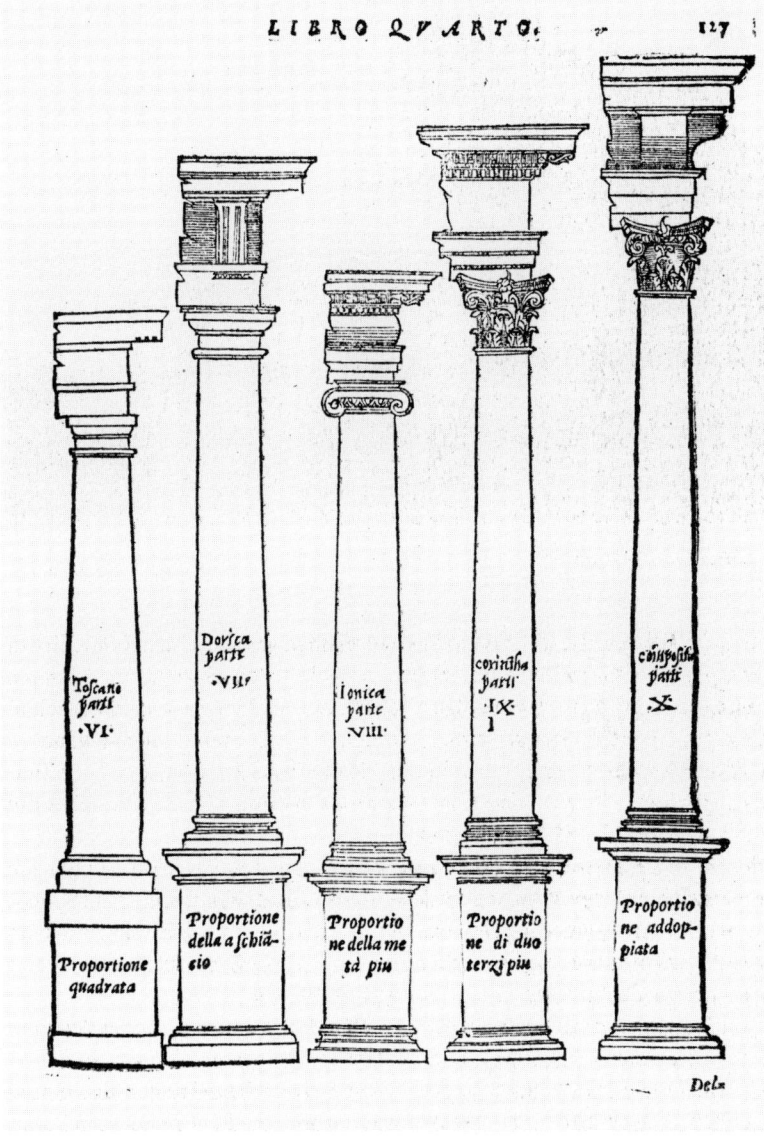

Abb. 11 Die fünf klassischen Säulenordnungen nach Serlio

Abb. 12: Rom, Konservatorenpalast

korinthische schließlich für Jungfrauen, also vornehmlich für die Errichtung
von Marienkirchen. Tatsächlich war die Entscheidung für eine bestimmte
Säulenordnung nicht zuletzt auch von den Baukosten bestimmt, die Wahl
der (teuersten) korinthischen Ordnung auch eine Option, wenn ein Architekt
dick auftragen wollte.

John Summerson erkennt daher in den Säulenordnungen vielmehr die Wahl
einer bestimmten Tonart. Insgesamt sind es fünf: zu den drei bereits genannten
aus der klassischen Architektur Griechenlands noch die toskanische und die
seit Leon Battista Alberti (1404–1472) so bezeichnete komposite Ordnung
aus der römischen Architektur. Serlio setzte auf dem hier abgebildeten Holz-
schnitt (Abb. 11) aus dem Jahre 1540 für seine Abhandlung „Die fünf Arten zu
bauen" seine Vorstellung dieser fünf Säulenordnungen ins Bild: mit je eigener
Proportion, eigener Basis, eigenem Kapitell und eigenem Gebälk.

Abb. 13: Trier, Basilika

Unser Blick blieb bisher auf eingeschossige Bauwerke gerichtet: ein Bau-
werk, eine Säulenordnung. Besteht ein Gebäude aber aus mehreren Stockwer-
ken, bekommt ein jedes eine eigene Säulenordnung, jedenfalls in der Antike.
Das Kolosseum in Rom aus dem 1. Jahrhundert n. Chr. zeigt eine solche
axiale Übereinanderstellung der Säulenordnungen – von der starken dorischen
Ordnung unten hinauf zur leichteren ionischen und eleganteren korinthischen
Ordnung, abgeschlossen durch komposite Pilaster. Eine geschossübergreifende
Ordnung begegnet erst beim Konservatorenpalast in Rom nach Plänen von
Michelangelo Buonarotti (1475–1564) im 16. Jahrhundert.
Hier schließt das untere Geschoss mit einer ionisierenden Ordnung ab, dann
nehmen abermals von unten aufsteigend breite Pilaster einen zweiten Anlauf
bis hinauf zum das Gebäude abschließenden Kranzgesims. Jedes einzelne
Stockwerk behält hier seinen eigenen Maßstab, während die geschossüber-

greifende Ordnung in seinen Proportionen das Gebäude als Ganzes gliedert. Diese geschossübergreifende Ordnung wird Kolossalordnung genannt, die geschossübergreifenden Pilaster kolossale Pilaster. Die Kolossalordnung ist der Antike fremd, jedenfalls im Zusammenhang mit Säulenordnungen. Die kurztaktige Folge von übergreifenden Arkaden des Trierer Palatiums aus dem frühen 4. Jahrhundert mag dagegen als prominentes Beispiel einer kolossalen, zwei Fensterzonen übergreifenden Bogenordnung angesehen werden. Die antiken Säulenordnungen aber kennen allein die geschossweise Anordnung, die Superposition, und in der speziellen Abfolge der Ordnungen von dorisch, ionisch, korinthisch und komposit am römischen Kolosseum sprechen wir denn auch von einer Kolosseumsordnung, die nicht zu verwechseln ist mit der Kolossalordnung.

Noch einmal Vitruv: Seine Forderung nach einem genauen symmetrischen Maßverhältnis der einzelnen Glieder zum Ganzen des Baukörpers gründet er auf einer Entsprechung der Proportionen des menschlichen Körpers mit den geometrischen Grundfiguren des Quadrats und des Kreises, er schreibt: „Liegt nämlich ein Mensch mit gespreizten Armen und Beinen auf dem Rücken, und setzt man die Zirkelspitze an der Stelle des Nabels ein und schlägt einen Kreis, dann werden vom Kreis die Fingerspitzen beider Hände und die Zehenspitzen berührt. Ebenso wie sich am Körper ein Kreis ergibt, wird sich auch die Figur des Quadrats an ihm finden. Wenn man nämlich von den Fußsohlen bis zum Scheitel Maß nimmt und wendet dieses Maß auf die ausgestreckten Hände an, so wird sich die gleiche Breite und Höhe ergeben, wie bei Flächen, die nach dem Winkelmaß quadratisch angelegt sind. Wenn also die Natur den menschlichen Körper so zusammengesetzt hat, dass seine Glieder in den Proportionen seiner Gesamtgestalt entsprechen, scheinen die Alten mit gutem Recht bestimmt zu haben, dass auch bei der Ausführung von Bauwerken diese ein genaues symmetrisches Maßverhältnis der einzelnen Glieder zur Gesamterscheinung haben" (Vitruv, 139). Anschaulich setzt das Pantheon in Rom (118–128) diese Grundfiguren zueinander in Beziehung, indem über einem kreisförmigen Grundriss angelegt, die Entfernung des Kuppelscheitels vom Fußboden genau dem inneren Durchmesser des Baus entspricht und der Außenkontur einem Quadrat einbeschrieben werden kann (Abb. 85).

Beim Menschen hingegen resultieren aus einer konzentrischen Anordnung von Quadrat und Kreis indes recht monströse Proportionen für die menschlichen Gliedmaßen. So im Vitruvkommentar Cesare Cesarianos aus dem Jahre 1521, dort wird der ‚Vitruvmann‘ mit überlangen Händen und Füßen gehörig gestreckt, um sich in die Form einfügen zu können. Anders die bekannte Lösung in der Proportionsfigur Leonardos mit zwei Zentrumspunkten: der des Kreises im Nabel, der des Quadrats tiefer gerückt, oberhalb der Scham.

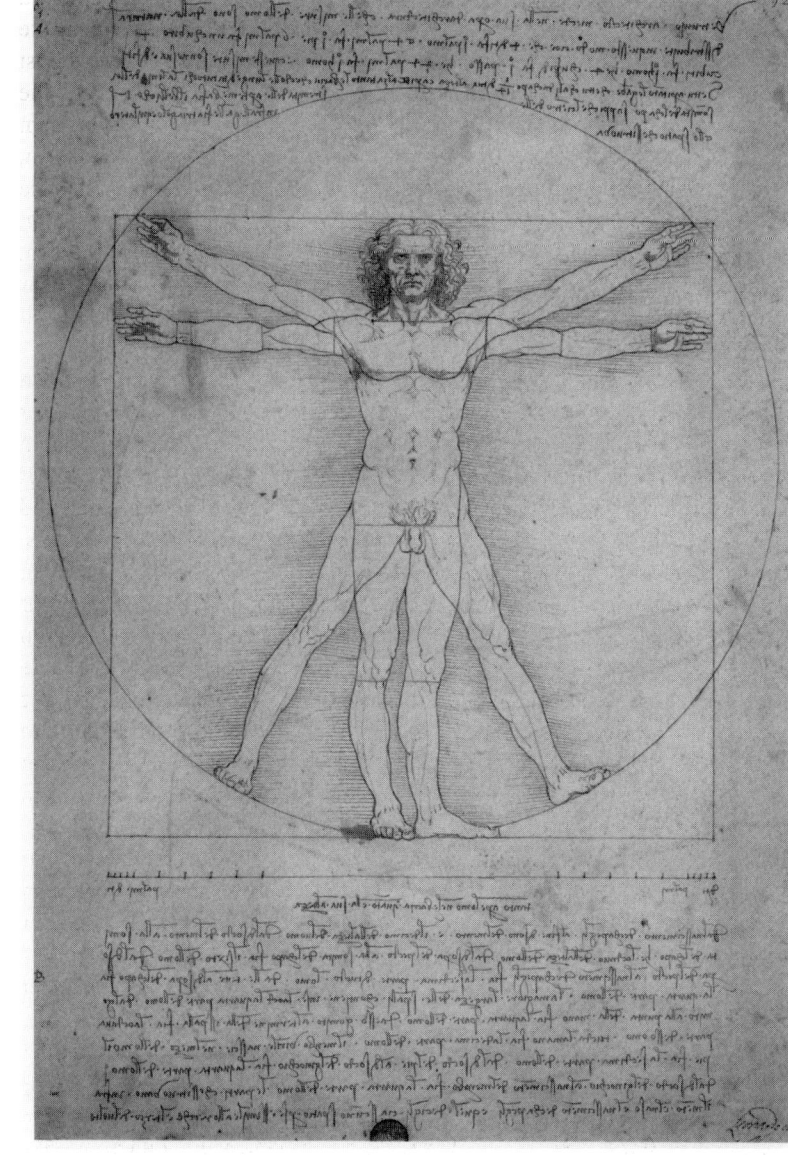

Abb. 14: Leonardo da Vinci, Proportionsschema der menschlichen Gestalt, um 1500

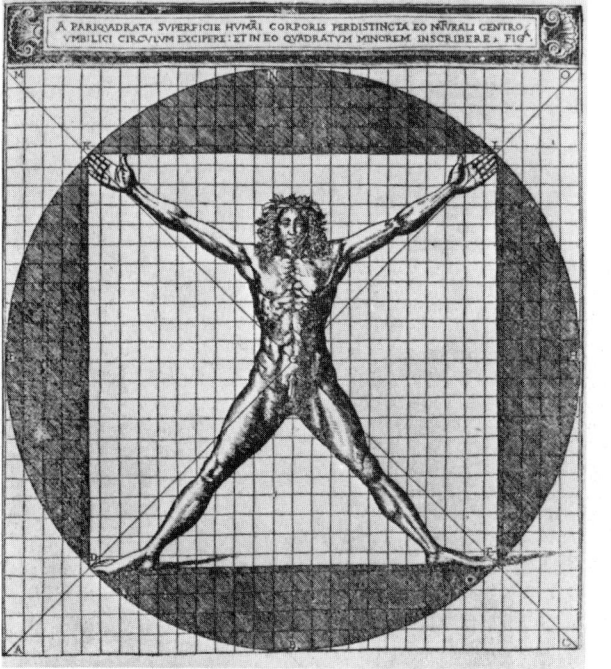

Abb. 15: Cesare Cesariano, Figur zu Vitruv, 1521

Von der Säule, von den Säulenordnungen und von den Teilen der Säule war bereits die Rede. Ich möchte nun am Beispiel des Schatzhauses der Athener in Delphi von der Säule als Stütze und von ihrer Einbindung in den Baukörper handeln.

Errichtet wurde das Gebäude um 510/500 vor Christus. Den klassischen Archäologen dient der Bau meist als Beispiel für eine Sonderlösung des sogenannten Eckkonflikts im Fries. Hier dient dieses Schatzhaus als Beispiel für die Genese des Pfeilers aus der Mauer, gegenüber der Herleitung der Säule aus den dargelegten Rückführungen auf die Proportionen des menschlichen Körpers.

Seitlich eingefasst wird dieses Schatzhaus durch zwei Mauern, die zusammen mit den beiden eingestellten dorischen Säulen das Gebälk der Giebelfront tragen. Dort, wo das Gebälk auf den Mauern lastet, ist eine schmale Deckplatte eingefügt, die die Querschnittsfläche der Mauer als Stütze erscheinen lässt. Die Deckplatte generiert aus der reinen Querschnittsform der Mauer eine Stützenform. Aber anders als die eingestellten monolithischen oder aus Trommeln aufgebauten Säulen sind diese Stützen nun gemauert, an kein fest-

Abb. 16: Delphi, Schatzhaus, Ansicht von Südost

gelegtes sprechendes Proportionsverhältnis gebunden und zeigen auch keine Entasis – also keine Schwellung des Säulenschaftes unterhalb der Säulenmitte –, die das Tragen der aufliegenden Last visualisiert und nach Vitruv (III 3,13) der optischen Verfeinerung des Gebäudes dient. In eben diesen drei Punkten unterscheidet sich denn auch die Säule von einem Rundpfeiler.

Von der Stützenform unabhängig ist die Auflast. In der Rekonstruktion von Alt-St. Peter in Rom (324 n. Chr. begonnen) tragen die Mittelschiffssäulen einen scheitrechten Architrav, die Seitenschiffssäulen hingegen Bögen. Die Verbindung der Säulenfolge mit dem Architrav ist die Kolonnade, die Verbindung mit einer Bogenreihe ist die Arkatur. Die Stützenreihe ist konstitutiv für die frühchristliche Basilika, sie trennt das breite Mittelschiff von den schmaleren Seitenschiffen, und sie trägt die hoch über die Seitenschiffe hinaufreichende Obergadenwand, deren Fenster dem Mittelschiff eine eigene Beleuchtung geben. Der in der Antike vielfach vorgebildete Gebäudetyp der Basilika sollte dann über die frühchristlichen Kirchen bis heute zu einem Leitbild christlicher Baukunst avancieren.

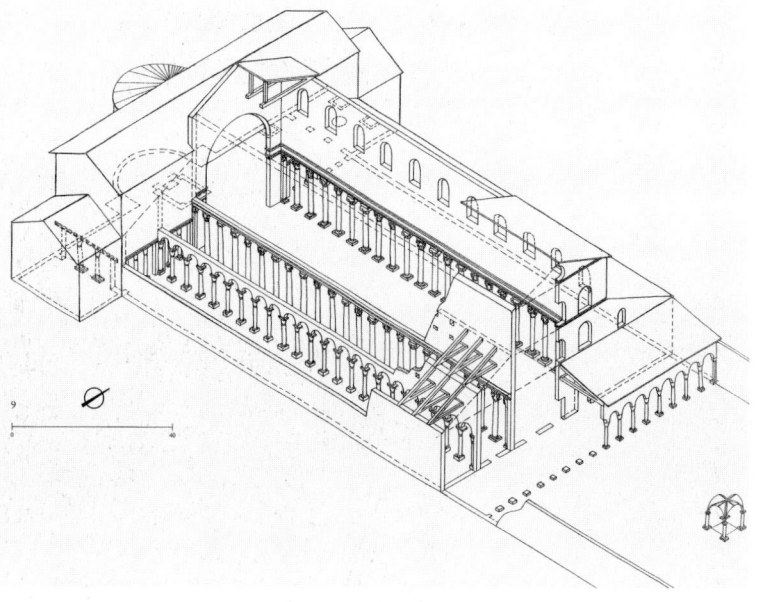

Abb. 17: Rom, Alt-St. Peter, Rekonstruktion

Abb. 18: Trier, Porta Nigra

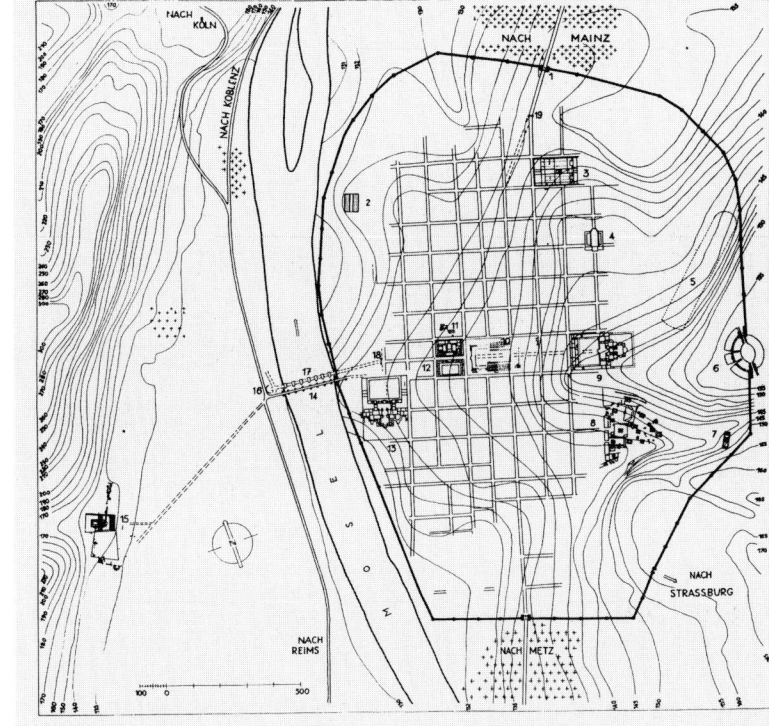

Plan des römischen Trier

1 Porta Nigra
2 Horrea von St. Irminen
3 Doppelbasilika, Dom und Liebfrauenkirche
4 Palatium
5 Circus
6 Amphitheater
7 Tempel am Herrenbrünnchen
8 Tempelbezirk im Altbachtal
9 Kaiserthermen
10 Forum

11 Palastanlage
12 Doppelpalastanlage
13 Barbarathermen
14 Römerbrücke (jüngere Steinpfeilerbrücke)
15 Tempelbezirk des Lenus Mars am Irrbach
16 großer Nischenbau (Exedra) am westlichen
   Brückenkopf der älteren Pfahlrostbrücke
17 Pfahlrostbrücke
18 Tor- und Bogenfundament am Bollwerk
19 Tor- und Bogenfundament an der Simeonstraße

Abb. 19: Trier, Grundriss der spätantiken Stadt

 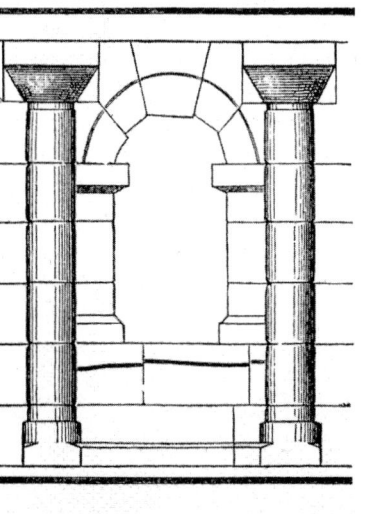

Abb. 20: Porta Nigra, Rekonstruktion der Stadtseite und Detail

Die Überblendung zweier unterschiedlicher Wandebenen an einem Bauwerk – einmal von Pfeiler und Bogen, dann von Säule und Architrav – zeigt die Porta Nigra in Trier. Es ist das am besten erhaltene Stadttor der Antike und wurde im späten 2. Jahrhundert nach Christus erbaut, also rund 200 Jahre nach Gründung der Stadt unter Kaiser Augustus.

In diese Gründungszeit fällt die Anlage des rechtwinkligen Straßensystems mit den einzeln ausgeschiedenen Gevierten, den *insulae*. Die Überlieferung schreibt die Entwicklung eines solchen Stadtplanes dem griechischen Baumeister Hippodamos von Milet aus dem 5. Jahrhundert vor Christus zu. Es handelt sich um ein Straßennetz mit gleichförmigen Baublöcken und rechtwinklig sich kreuzenden Straßen, das die Römer dann für die Neugründung ihrer Städte nutzten, so auch in Trier.

Der *decumanus maximus* bezeichnet hier die große West–Ost-Achse der Stadt mit Römerbrücke, Forum und Kaiserthermen. Im rechten Winkel dazu steht die zweite Hauptachse in Nord–Süd-Richtung, der *cardo maximus*, dessen nördliches Ende das Doppelturmtor der Porta Nigra markiert. Die Porta Nigra hat zwei unterschiedliche Ansichtsseiten: auf der stadtabgewandten Seite, der Feldseite, dominieren zwei halbkreisförmig vorspringende vierstöckige Verteidigungstürme, auf der stadtzugewandten Seite hingegen erscheint sie wie eine durchlaufende Palastfront.

Der Wandaufbau selbst ist auf beiden Seiten gleich: Er besteht aus der zurückliegenden Ebene der durchgehenden Mauer mit den immer gleichen rundbogigen Öffnungen, insgesamt 144. Der zurückliegenden Wandebene ist eine zweite vorgeblendet, die Ebene mit den Halbsäulen und dem Gebälk. Diese tragen nicht das Gebäude, sie gliedern es. Eine genaue Zuordnung der Halbsäulen zu einer der fünf Säulenordnungen, ist nicht möglich, denn das Bauwerk ist in dieser Form noch ein Rohbau, es steht noch in Bosse. Bossen sind absichtlich stehengebliebene Vorsprünge an der Ansichtsseite von Quadern, die ursprünglich dazu dienten, das Abgleiten schwerer Steine von den Hebetauen zu verhindern. Wer jemals seinen Wohnungsumzug preisgünstig mittels vollgepackter Bananenkisten ohne seitliche Eingriffe organisiert hat, kennt dieses Problem – und hat hoffentlich noch Freunde.

Zurück zu den beiden Wandebenen: Die zurückliegende Wandebene besteht nicht nur aus der Mauer und den Rundbogenöffnungen, vielmehr sind in Kämpferhöhe und am Fußpunkt vorkragende Steine mit einer leichten Schräge eingefügt, einer sogenannten Schmiege. Sie werden an den Innenseiten der Laibung wie Deck- und Fußplatte weitergeführt und lassen dieses Restmauerstück zwischen zwei Öffnungen, genau wie beim Kolosseum in Rom, nun als eigenständige Stütze, als Pfeiler mit vorgeblendeter Halbsäule erscheinen. Es ist eine genuin römische Lösung der Verbindung von Wand und Säule an einem Bauwerk.

III *Renovatio Imperii Romanorum.*
Karolinger – Ottonen – Salier

Am Weihnachtstag im Jahre 800 krönte Papst Leo III. Karl den Großen im Petersdom in Rom zum Kaiser. Diese Wiederaufrichtung des Kaisertums stellte die fränkische Königsherrschaft auf eine neue, noch stärker an antike Traditionen anknüpfende Grundlage. Sie zielte auch in der Architektur auf eine *Renovatio Imperii Romanorum,* auf eine Erneuerung des Römischen Reiches.

Eine Anschauung karolingischer Monumentalarchitektur gibt die Torhalle des Klosters Lorsch am Rhein. Karl der Große und seine Söhne waren bei der Weihe dieses bedeutenden Reichsklosters im Jahre 774 anwesend. Ob auch die Torhalle damals schon stand oder erst um 880 zugefügt wurde, ist noch nicht entschieden. Ebenso ihre Funktion: es gibt Hinweise, dass diese Torhalle als Klosterbibliothek gedient haben könnte. Christologische Konnotationen fehlen am Außenbau ebenso wie im Inneren.

Die Schauseite der Lorscher Torhalle ist zweigeteilt: unten die drei weiten Arkaden über querrechteckigen Pfeilern mit vorgelegten Halbsäulen, oben eine kleindimensionierte kurztaktige Folge von ionische Pilastern mit einer aufliegenden Giebelreihe und abschließendem Konsolgesims. Getrennt werden beide Geschosse von einem schmalen Architravband mit reichem Dekor. Alle Einzelelemente dieser Fassade entstammen der Antike und doch wirkt das Bauwerk ganz unantik: Die Dimensionen der Halbsäulen fordern eine größere Auflast, die Pilaster sind zu schmächtig und den beiden seitlichen fehlt ein Gegengewicht zu den nach außen drängenden Giebelseiten; das Gebälk ist auf einen breiten Strich reduziert, die komposite trägt die ionische Ordnung statt umgekehrt, die Gebäudeecken sind ohne jegliche Gliederung und sämtliche tektonischen Teile treten in ihrer Erscheinung hinter die dichte Flächentextur der aus roten und hellgelben Steinen wechselnden Muster zurück, einer in der Antike als *opus sectile* bekannten Steinarbeit.

Der Aufbau der Fassade mit ihrer Fülle einzelner Versatzstücke scheint mehr der Buchmalerei entlehnt zu sein, so als seien von der Architektursprache der Antike nur noch einzelne Vokabeln bekannt, nicht aber deren Grammatik. Die Anwesenheit der ionischen über der kompositen Ordnung ließe sich so auch

Abb. 21: Lorsch, Torhalle

über den unterschiedlichen Grad der Flächigkeit erklären: die vollplastischen Kompositkapitelle werden den Halbsäulen zugeordnet und die flachere Ionica den Pilastern. War Vitruv im Mittelalter noch bekannt? Vom fränkischen Gelehrten Einhard (770–840), dem Leiter der Hofschule Karls des Großen und dem Leiter zahlreicher Bauprojekte ist bekannt, dass er sich mit den „Zehn Büchern über die Baukunst" des Vitruv beschäftigt hatte, aber auch, dass er sich über die „dunklen Worte und Begriffe" darin beklagte.

Einhard leitete auch den Bau der Aachener Pfalzkapelle, der Grabkirche Karls des Großen und der späteren Krönungskirche der deutschen Könige. Sie ist das technisch anspruchsvollste Bauwerk jener Zeit und der erste vollständig gewölbte Großbau nördlich der Alpen seit der Antike. Vom entwerfenden leitenden Baumeister wissen wir nur, dass er Odo von Metz hieß und in Metz begraben wurde. Um 798 muss die Pfalzkapelle im Rohbau fertiggestellt gewesen sein, wohl um 800 – im Jahr der Kaiserkrönung Karls des Großen – wurde sie geweiht.

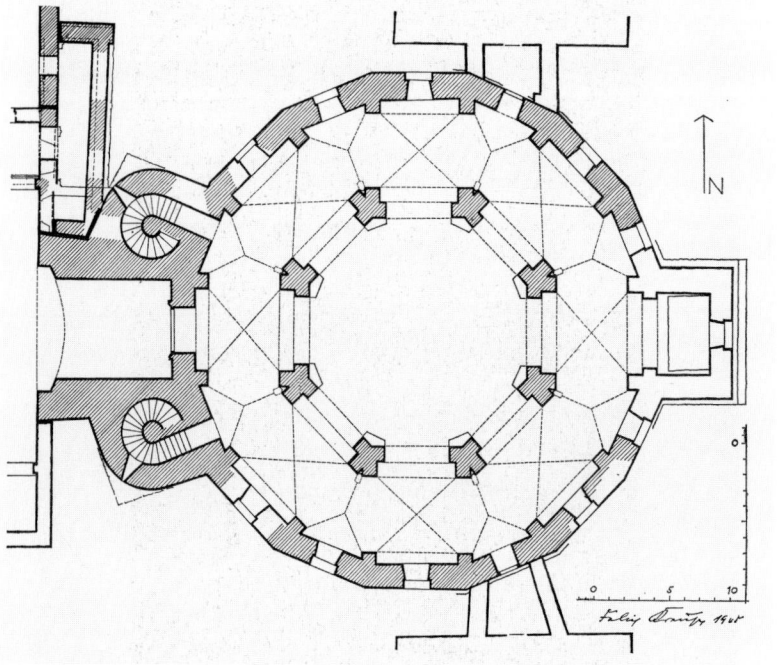

Abb. 22: Aachen, Dom, Grundriss

Ihr Grundriss zeigt einen Zentralbau mit Umgang: Innen ein regelmäßiges
Achteck, außen ein Sechzehneck. Diese Verdopplung der Seitenzahl ermög-
lichte eine identische Seitenlänge für das innere wie für das äußere Polygon.
Eine andere Lösung begegnet in der Abteikirche Ottmarsheim: ihr Grundriss
zeigt bei gleicher Anlage ein inneres und ein äußeres Achteck, damit aber
auch ungleiche Seitenlängen und trapezförmige Abschnitte im Umgang. In
Aachen hingegen alternieren quadratische mit dreiseitigen Abschnitten im
Umgang. Und diese sind die Voraussetzung für die besondere Gewölbelösung
des Umgangs mit annähernd quadratischen Kreuzgraten und eckverbindenden
Dreistrahlen. Wie kommt diese Gewölbezeichnung zustande?

Die Grundfigur ist ein umlaufendes Tonnengewölbe mit halbkreisförmigem
Querschnitt. Dieses wird im rechten Winkel von acht Quertonnen geschnitten.
Kreuzen sich aber zwei Tonnengewölbe mit identischem Durchmesser und
gleicher Höhe, entsteht als Durchdringungsfigur ein Kreuz. Dieses Kreuz wird
nun aber nicht als Quadrat durch Bögen ausgeschieden, vielmehr wird die
Tonne bis zur Mitte des dreiseitigen Abschnitts weitergeführt. Dort trifft sie

Abb. 23: Aachen, Dom, Blick in den Umgang

auf den nächsten Teilabschnitt des umlaufenden Tonnengewölbes und auf die seitlich einschneidende Stichkappe und zusammen ergeben sie im Grundriss die Figur des Dreistrahls. Für die Regelmäßigkeit dieser Anlage aber ist die eingangs beschriebene Verdopplung der Seitenzahl von innerem zu äußerem Polygon bei dann identischer Seitenlänge konstitutiv.

Ein Wort zum Medium der Grundrisszeichnung. Sie ist nicht etwa eine Nachbildung des Gebäudes, so wie es sich im Boden abzeichnet – sie ist mehr. Die Grundrisszeichnung ist ein horizontaler Schnitt quer durch das Gebäude in Höhe der Fenster, auf den dann von oben herabgeschaut wird. Die Schnittstellen werden schraffiert oder dunkel wiedergegeben, die übrigen bleiben hell. Aber das ist nicht alles. In die gegebene Disposition der Mauern, Stützen, Fenster und Türen wird nun die Gewölbezeichnung herunterproji- ziert. Damit erfährt man in dieser einen Ansicht nicht nur etwas über die Lage der einzelnen Bauteile zueinander, so wie sie auf dem Baugrund abgesteckt werden, sondern auch, worauf ihre jeweilige Ausrichtung im Aufgehenden bis zum abschließenden Gewölbe zielt. So wie Odo von Metz in Aachen

Abb. 24: Aachen,
Dom, Aufrissglie-
derung

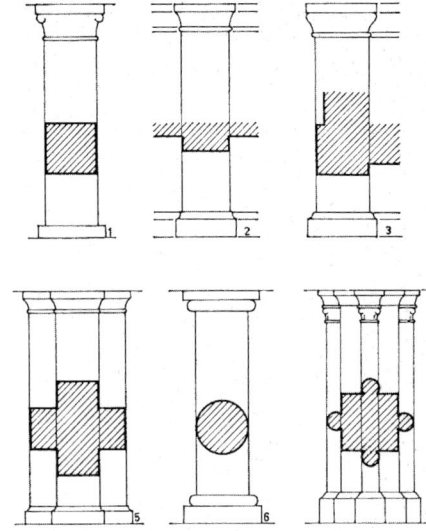

Abb. 25: Pfeilerformen

die Maßverhältnisse von umlaufender Tonne, Quertonne und Stichkappe mitdenken musste bei seiner Grundrisslösung für die Pfalzkapelle, die eine Systematisierung und Mathematisierung auszeichnet, die über die Disposition der unter Kaiser Justinian errichteten vermeintlichen Vorbildbauten in Ravenna und Konstantinopel weit hinausgeht.

Einen direkten Bezug zu diesen Bauten zeigt der vierzonige Wandaufriss im Innern der Pfalzkapelle. Über den niedrigen Erdgeschossarkaden erheben sich die hohe Empore mit ihrem zweiteiligen Säulengitter und der Obergaden mit seinen rundbogigen Fenstern. Die Säulen sind Spolien, also wiederverwendete Bauteile, die Karl der Große eigens für die Aachener Pfalzkapelle aus Ravenna heranschaffen und prominent im Aufriss herausstellen ließ. Diese antiken Säulen stoßen dabei ganz unantik in die Bogenlaibung, unantik aber auch hier nur hinsichtlich der Grammatik der antiken Architektur, nicht in der einzelnen Form. Vorgebildet ist das Motiv zweier Stützen in einem Halbkreisbogen im römischen Thermenfenster (Diokletiansthermen) mit seinen beiden senkrechten Stegen.

Eingefasst wird dieses zweiteilige Aachener Säulengitter von gewinkelten Pfeilern. Diese folgen weder antiken Vorbildern, noch den stereometrischen Grundtypen, die wir nach ihrer Querschnittsform benennen, wie Quadratpfeiler, Kreuzpfeiler oder Rundpfeiler. Der Aachener Pfeiler gehört auch nicht zu den Pfeilern mit Pfeilervorlagen, da er keinen Pfeilerkern besitzt. Er ist vielmehr ein Kompositum aus vier Reststücken der von Arkaden durchbrochenen Mauern: die beiden inneren Pfeilerarme folgen dem Winkel des inneren Achtecks, die beiden umgangsseitigen Pfeilerarme hingegen sind auf jene quadratische Einheit ausgerichtet, die sich aus der Verdopplung der Seitenzahl von acht auf sechzehn ergab. Deshalb folgen die Wandvorlagen an der Umgangswand in Dimension und Ausrichtung den umgangsseitigen Pfeilerarmen und zielen nicht etwa auf das Zentrum des Oktogons. In der darüber liegenden Empore mit dem Thron Karls des Großen werden diese vier Vorlagen dann über Gurtbogen miteinander verspannt und grenzen dort einzelne Quertonnen voneinander ab. Schon bei der Festlegung der Aachener Pfeilerform im Grundriss musste Odo von Metz die Disposition für diesen späteren Gewölbeabschluss der oberen Empore mit einbeziehen. Die komplexe Struktur in Grundriss und Aufbau der Aachener Pfalzkapelle steht völlig allein in ihrer Zeit und – seltsam genug – sie findet über 200 Jahre keinerlei Nachfolge.

Eine zweite *Renovatio Imperii Romanorum* erfolgte im 10. Jahrhundert durch Otto den Großen (912–973) unter Berufung auf die Kaiseridee Karls des Großen. Mit Magdeburg entstand ein neues Zentrum weit im Osten des Reiches, doch wählte Otto unter Rückbezug auf Karl den Großen im Jahre 936 Aachen zum Krönungsort. Nach der siegreichen Schlacht 955 auf dem Lechfeld und der Konsolidierung seiner Herrschaft werden die imperialen Ansprüche Ottos auf allen Gebieten sichtbar, seine Kaiserkrönung 962 in Rom begründet das mittelalterliche Imperium.

Weithin sichtbares Zeichen der imperialen Ansprüche Ottos des Großen war eine gewaltige Doppelkirchenanlage hoch über dem Elbufer in Magdeburg. Beide Bauten sind heute nur noch archäologisch fassbar. Die Nordkirche gehörte mit 41 m Gesamtbreite zu den größten Bauten ihrer Zeit nördlich der Alpen, in ihren Dimensionen nur vergleichbar den erzbischöflichen Domen in Köln (41,20 m) und Trier (41 m). Sie wurde in zweischaligem Mauerwerk hochgeführt. Für eine Rekonstruktion dieses Bauwerks als Emporenbasilika gibt es gute Gründe. Erhalten blieben allein die Säulen, die Otto der Große aus Italien herbeischaffen ließ und die dann im 13. Jahrhundert, nun in Drittverwendung, im Chor des heutigen Magdeburger Domes wie kostbare Reliquien Aufstellung fanden.

Der einzige gut erhaltene ottonische Bau aus dem 10. Jahrhundert ist die nach 959 begonnene Damenstiftskirche St. Maria und Petrus, dann St. Cyriakus, in Gernrode. Stiftsdamen sind keine Nonnen, bei ihrem Eintritt legen sie als Kanonissen nur das Gelübde der Keuschheit und das des Gehorsams gegen-

Abb. 26: Gernrode, Stiftskirche, Langhaus nach Westen

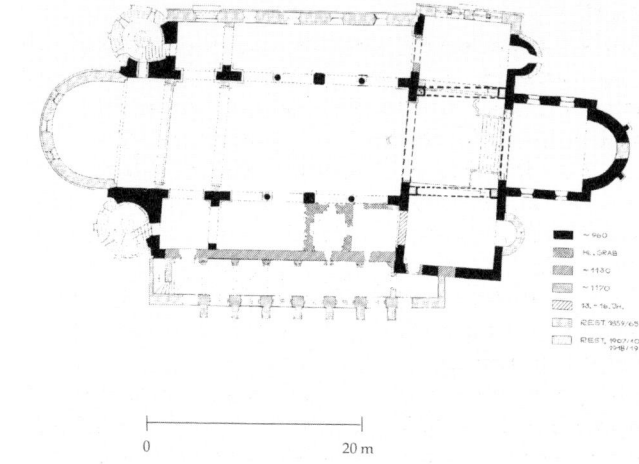

Abb. 27: Gernrode, Stiftskirche, Grundriss

über der Äbtissin ab. Sie können das Stift aber jederzeit wieder verlassen, bleiben damit dem Heiratsmarkt also weiter erhalten. Sie waren verpflichtet, an den Stundengebeten und den Gottesdiensten teilzunehmen, und zwar von der Empore aus. 24 Kanonissen gehörten dem Damenstift in Gernrode an, in genau 24 Bogenstellungen öffnet sich auch die Empore zum Mittelschiff hin, jeweils zwei von einem übergreifenden Bogen zusammengefasst – ein Zufall.

Der Grundriss der Stiftskirche zeigt einen Westbau mit zwei seitlichen Rundtürmen, ein dreischiffiges flachgedecktes basilikales Langhaus, ein Querschiff mit einem anschließenden Chor aus Chorquadrum und eingezogener Apsis und zwei kleine Nebenapsiden. Wie in Aachen resultiert die Form der Pfeiler aus den jeweiligen Reststücken der durch Arkaden durchbrochenen Mauer. Auffällig ist in Gernrode die unterschiedliche Länge der Pfeilerarme. Der längste weist auf den Triumphbogen des Mittelschiffs, der nächste auf den Mittelpfeiler des Langhauses und der kürzeste schließlich auf das Seitenschiff: eine mit der jeweiligen Mauerlänge korrelierende Länge der Pfeilerarme kennzeichnet diese besondere Pfeilerform der Stiftskirche, je weiter die Arkade, desto länger der Pfeilerarm.

Im Fokus der Architekturgeschichte stand Gernrode stets mit seinem Stützenwechsel in der Mittelschiffswand des Langhauses, dem sogenannten einfachen Stützenwechsel von Säule und Pfeiler. Mit einer Rhythmisierung der Stützenfolge hat dies hier weniger zu tun als mit einer vertikalen Akzentuierung der Langhausmitte. Deshalb nimmt die Reihe der darüber liegenden Emporenstützen den Takt der unteren Arkaden auch nicht auf, sondern setzt einen einzigen Pfeiler in die Mitte der Stützenreihe. Die Langhauswand von Gernrode erscheint wie in ein Fadenkreuz von Pfeiler und Gesims eingespannt.

Eine ganz neue Qualität der Geometrisierung und Systematisierung zeigt 50 Jahre später die Klosterkirche St. Michael in Hildesheim (1010–1033). Stifter und Bauherr der Kirche ist Bernward von Hildesheim, der auch als *architectus et artifex* tituliert worden ist. Im Grundriss dieser Michaeliskirche springt die Ausgewogenheit der Anlage, die Gleichwertigkeit von Ost- und Westteilen ins Auge: Ein Querschiff im Osten, eines im Westen; ein Chor im Osten, einer im Westen; oktogonale Treppentürme vor der Stirnseite des Querschiffs im Osten wie im Westen. Edgar Lehmann hat dies 1935 bildreich auf den Begriff der „wägenden Gruppierung" gebracht (Lehmann, 8), ungleich nüchterner klingt die heutige Ansprache als antithetischer Gruppenbau.

Erstmals greifbar ist in Hildesheim die ausgeschiedene Vierung, die Ausgrenzung eines Vierungsquadrates dort, wo Langhaus und Querhaus ineinandergreifen. Angelegt war sie bereits in der zwischen 976 und 979 ge-

Abb. 28: Hildesheim, St. Michael, Langhaus nach Osten

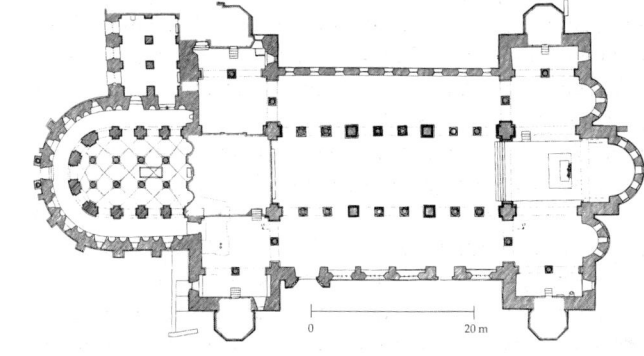

Abb. 29: Hildesheim, St. Michael, Grundriss

Abb. 30: Hildesheim, St. Michael, Stützenpaar

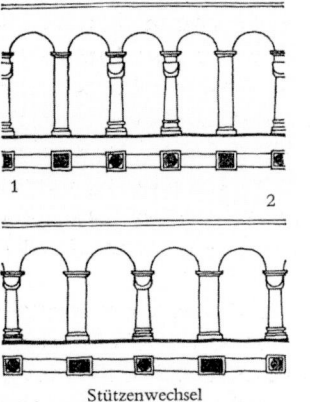

Stützenwechsel
1 Niedersächsischer Stützenwechsel
2 Rheinischer Stützenwechsel

Abb. 31: Stützenwechsel

gründeten Benediktiner-Klosterkirche in Memleben. Dieses Vierungsquadrat in Hildesheim bildet die Grundfigur der gesamten Grundrissanlage. Das Mittelschiff des Langhauses wiederholt dieses Quadrat genau dreimal. Die Eckpunkte der Quadrate markieren dort Pfeiler, dazwischengespannt sind jeweils zwei Säulen. Daraus ergibt sich, anders als in Gernrode, ein doppelter Stützenwechsel, also Pfeiler – Säule – Säule – Pfeiler, der wegen seiner weiten Verbreitung im sächsischen Raum auch *niedersächsischer Stützenwechsel* genannt wird. Man mag hierin eine eigene Rhythmisierung der Arkaden-reihe erkennen, auffällig bleibt indes die Stellung der Langhauspfeiler, die im Grundriss einen quadratischen Vierstützenbau nachzeichnen – einen Zentralbau, der der gängigen Deutung als dreischiffiger längsgerichteter Raum gegenübersteht. Hierfür steht auch die seit Hans Jantzen (1959) immer wieder hervorgehobene Selbständigkeit dieser Seitenräume, die durch die abschließenden Doppelarkaden zu den Querschiffen hin noch betont wird. Die Seitenschiffe sind nicht parallel, sondern quer zum Mittelschiff gestellt. Der allgemeinen Deutung des Langhauses in Hildesheim als eine neue Qualität der Rhythmisierung der Arkadenreihe möchte ich somit gern die Herleitung des doppelten Stützenwechsels aus der besonderen Grundrissdisposition an die Seite stellen.

Ihren sprechenden Ausdruck aber findet diese spätottonische Architektur in Hildesheim in den sogenannten Würfelkapitellen, eine Form, die der Antike völlig fremd war. Das Würfelkapitell ist die geometrische Antwort auf die Frage: Wie leite ich über von der viereckigen Form der Auflast zur zylindrischen Querschnittsform der Säule? Der Terminus *Würfelkapitell* mag etwas irreführend sein, denn die Grundform dieses Kapitells ist kein Kubus, sondern eine Halbkugel, dessen Grundkreis ein Grundquadrat umschreibt. Aus den vier Halbkugelabschnitten über den Quadratseiten resultieren die seitlichen Schildflächen, dann wird horizontal soviel vom Halbkugelscheitel weggeschlagen, dass er dem oberen Durchmesser des Schaftes entspricht. Es ist dieselbe geometrische Figur, die, auf den Kopf gestellt, beim Kup-pelbau von den im Quadrat angeordneten Grundpfeilern zur kreisförmigen Grundlinie der Kuppel führt, gemeint ist die Pendentifkuppel. Bis in jede Einzelform hinein reicht in Hildesheim die neue Qualität der Geometrisie-rung des Bauwerks.

Der Abschluss der Arbeiten an der Hildesheimer Michaeliskirche geht schon weit in die salische Zeit hinein, bis in das salische 11. Jahrhundert. Die Epoche beginnt mit der Kaiserwahl Konrads II. im Jahr 1024 und sollte mit dem Dom zu Speyer neue Maßstäbe setzen. Die Grundsteinlegung des Doms erfolgte nach der Kaiserwahl Konrads II., die Weihe unter Heinrich III. im Jahre 1061. Von 1082 bis 1106 erfolgt dann unter Heinrich IV. ein weitreichender Umbau

Abb. 32: Hildesheim, St. Michael, Würfelkapitell

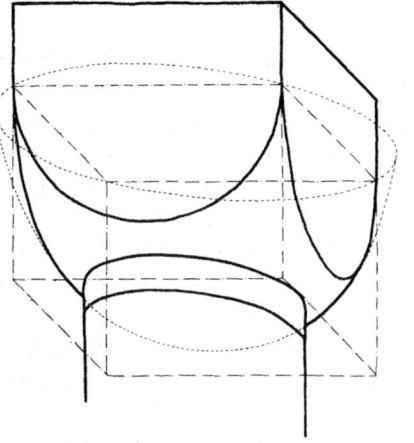

Abb. 33: Konstruktion des Würfelkapitells

Abb. 34: Speyer, Dom, Krypta

des Speyrer Domes zum ersten vollständig überwölbten Großbau nördlich der Alpen seit der Aachener Pfalzkapelle.

Gleich der erste Bauplan schreibt die gewaltigen Dimensionen von 135 m Länge fest. Der Ostteil erhebt sich über einer weiträumigen Krypta aus vier quadratischen Vierstützenräumen, deren Gewölbe nicht mehr durchlaufend in den Raum hineingehängt werden, sondern sich durch klare Abgrenzungen eines jeden Jochgevierts auszeichnen: breite Gurtbögen verbinden Freipfeiler und Pfeilerarkaden mit Halbsäulen. Auch die Seitenschiffe des Langhauses sind gewölbt, wie in der Krypta verbinden breite Gurtbögen die Freipfeiler mit den Pfeilerarkaden der hohen Seitenschiffswand, die nun auch die Streckung der vorgelegten Halbsäule zu einer dünnen Wandvorlage erzwingt. Allein Querschiff und Mittelschiff bleiben flachgedeckt, doch auch hier wird die durchgehende Wandfläche durch eine Folge hoher Pfeilerarkaden mit dünnen Wandvorlagen ersetzt.

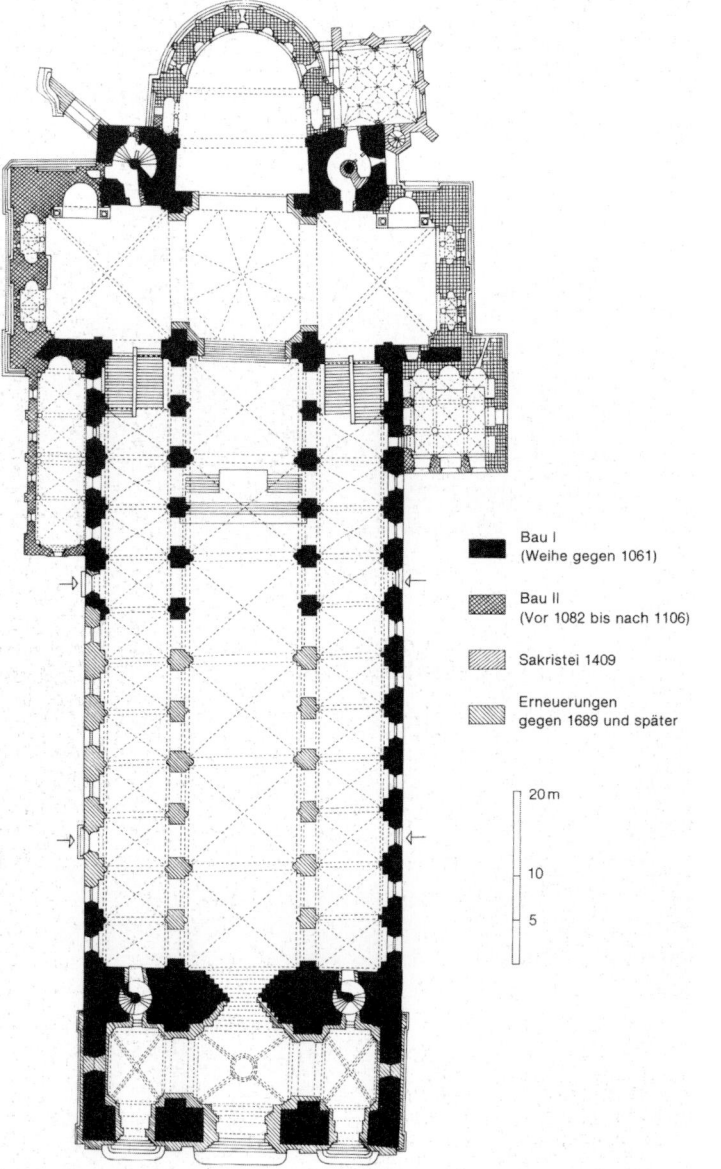

Bau I
(Weihe gegen 1061)

Bau II
(Vor 1082 bis nach 1106)

Sakristei 1409

Erneuerungen
gegen 1689 und später

20 m

10

5

Abb. 35: Speyer, Dom, Grundriss

Abb. 36: Speyer, Dom, Chor

Abb. 37: Speyer, Rekonstruktion des Langhauses

Diese Gliederung greift der Umbau unter Heinrich IV. auf, indem er jeden zweiten Mittelschiffspfeiler verstärkt und darüber sechs große quadratische Mittelschiffsjoche spannt. Zahlreiche Basiliken vor Speyer zeigten gewölbte Seitenschiffe, das Mittelschiff hingegen blieb stets flachgedeckt, so noch der erste Bau des Speyrer Doms. Die große Leistung des zweiten Baus wird deutlich, wenn man sich hier das Grundproblem der Einwölbung des Mittelschiffs vergegenwärtigt: Vorgegeben sind in der christlichen Basilika die unterschiedlich breiten Schiffe, also breites Mittelschiff und schmale Seitenschiffe, vorgegeben ist auch die Form des Gewölbebogens, das ist der Rundbogen. Je weiter die Arkade gespannt ist, desto höher rückt auch der Scheitelpunkt des darüber liegenden Rundbogens. Ideal für die Einwölbung mit Rundbogen ist daher die Grundfläche des Quadrats: gleiche Arkadenweiten, gleiche Kämpferhöhen, gleiche Scheitelhöhen – und damit gleichmäßige Ableitung der im Gewölbe auftretenden Kräfte auf punktförmige Ecklager. Genau dies ist in der ersten Anlage des Speyrer Mittelschiffs nicht gegeben: spanne ich dort mein Gewölbejoch in die kurze Folge der Pfeilerarkaden, erhalte ich querrechteckige Gewölbefelder mit unterschiedlich hohen Bogenscheiteln oder -kämpfern. Indem nun der Architekt das Gewölbefeld über

Abb. 38: Speyer, Dom, Stufenportal im Westabschluss des Langhauses

jeden zweiten Pfeiler spannt, erhält er als Grundfläche statt der zwei schmalen querrechteckigen Flächen wieder ein Quadrat. Das Ergebnis ist das Gebundene System: einem quadratischen Mittelschiffsjoch entsprechen zwei quadratische Seitenschiffsjoche halber Seitenlänge.

Mit der Einwölbung im Innern erscheint ein neues Gliederungselement am Außenbau: die Zwerggalerie. Sie ist ein schmaler Laufgang in Mauerstärke unter dem Dachansatz. Der Name hat nichts mit Zwergen zu tun, vielmehr leitet er sich vom alten Adjektiv zwerch = quer ab, dem mittelhochdeutschen twerch = überkreuz. Gemeint ist die Folge von niedrigen Quertonnen, aus der diese Zwerggalerie besteht. Über ihre gliedernde Funktion hinaus dient die Zwerggalerie einem statischen Zweck, der Auflast. Denn die Kraftlinien des Gewölbeschubs der Mittelschiffsjoche treten unterhalb der Kämpferhöhe

Abb. 39: Basenformen: Lorsch, Werden, Speyer I, Speyer II, Hildesheim, Marburg

nach außen, also unterhalb der Zwerggalerie, die damit durch ihr Gewicht zur Stabilisierung der unter ihr liegenden Mauer beiträgt. Je größer ihr Gewicht, desto mehr können die seitlichen Schubkräfte der Gewölbe auf die Hochschiffmauer aufgefangen werden.

Eine weitere Neuerung, die Karriere machen sollte, ist das Stufenportal: Es dient allgemein der optischen Vergrößerung des Portals, dessen Öffnungsweite durch den praktischen Gebrauch der Türflügel begrenzt bleibt.

Bei der gegebenen Massivität der inneren Westwand zum Langhaus hin von 6 m wäre ohne die Abtreppung zu beiden Seiten in je sechs konzentrischen Bögen die gegebene monumentale Portalöffnung zu einem Schlauch geraten. Gewaltig dimensioniert für die damalige Zeit sind auch die monumentalen Rundbogenfenster, von deren Glasmalereien wir nur über Beschreibungen Kenntnis haben. Fenster dieses Formats gab es zuvor allein bei römischen Großbauten wie der bereits vorgestellten Trierer Basilika aus dem 4. Jahrhundert, der Palastaula Kaiser Konstantins in Trier.

Blickt man auf die Einzelformen des Speyrer Domes, so fällt der enorme Aufwand an antikem Formvokabular auf, der für diesen Umbau des Speyrer Domes kennzeichnend ist. Anders als in Aachen oder Magdeburg wird dies nicht über den massiven Einsatz von Spolien erreicht, sondern durch eine genaue Nachahmung von antiken Kapitellen und Friesen, die den Einsatz lombardischer Steinmetze in Speyer vermuten lassen. Ganz unantik in eben diesem ganz den römischen Vorbildern folgenden Umbau ist hingegen die neue Verbindung von runder Basis und quadratischen Fußplatte durch Eckzehen, der sogenannten Eckzier. In Speyer tritt sie an jedem zweiten Mittelschiffspfeiler auf, das sind jene, die für die Einsetzung der neuen Gewölbe verstärkt wurden. Das Nachstehende wirft einen ersten Blick auf die Veränderungen von Basisformen im Mittelalter.

Für die Datierung von Bauwerken sind die Veränderungen der Basis deshalb so aufschlussreich, weil ihre Grundform im Mittelalter fast immer die Profilfolge der attischen Basis zeigt: Wulst – abgesetzte Kehle – Wulst. Wie an der Lorscher Torhalle zeigen die Beispiele in direkter Abhängigkeit zur Antike vor Speyer niedrige Basen im Verhältnis zum Säulendurchmesser: Wulst und Kehle sind halbkreisförmig geschwungen, Kehle und unterer Wulst gleich hoch. Mit dem 10. Jahrhundert wird die Basis im Verhältnis zum Säulendurchmesser höher, und sie wird steiler, wie in der Luciuskirche in Werden um 1000. Der Wechsel von Speyer I zu Speyer II zeigt dann die Einführung der Eckzier, die das gesamte 12. Jahrhundert bestimmend bleiben wird. Die Form der Eckzier kann geometrisch, vegetabil, figürlich sein oder, wie in einem Beispiel des späten 12. Jahrhunderts aus der Michaeliskirche in Hildesheim, der Einfassung eines Schmucksteins gleichen. Im 13. Jahrhundert

Abb. 40: Tournus, St. Philibert, Langhaus nach Osten

Abb. 41: Knechtsteden, Stiftskirche, Langhaus

begegnen dann mit den Rezeptionsbauten des französischen Kronlandes die flachen Tellerbasen mit tief eingeschnittener Kehle und scharfer Trennung von oberem und unterem Wulst, hier das Beispiel der im Jahre 1235 begonnenen Elisabethkirche in Marburg. Im weiteren Bauverlauf dieser Kirche wird die Kehle immer weiter zurückgenommen und zeigt schließlich dort, wo oberer und unterer Wulst aufeinandersitzen, nur noch eine kleine Rille.

Mit dem Bau des salischen Speyrer Doms wurden neue Maßstäbe gesetzt. Zumindest im Reich. In Frankreich begegnet man vergleichbaren vieltürmigen Bauten oder einer Zwerggalerie nur selten. Auch die Einwölbung nach dem Gebundenen System bleibt in Frankreich nur eine Wölbform unter vielen. Völlig aus dem Rahmen fällt die Einwölbung des Mittelschiffs von St. Philibert in Tournus mittels Quertonnen im dritten Viertel des 11. Jahrhunderts.

Statisch ragt diese Lösung heraus: Der Gewölbeschub drückt nun nicht mehr quer gegen die Obergadenmauern, sondern in Längsrichtung; dort neutralisieren sich die Kräfte der aneinanderstoßenden Quertonnen im Langhaus jeweils gegenseitig und werden an ihrem Anfang und an ihrem Ende von den Baumassen des Westbaus und des Querschiffs eingefasst. Auf den Obergadenmauern liegen diese Quertonnen nur auf. Über die statischen Vorteile dieser Wölblösung hinaus ermöglichen die Quertonnen mit ihren hohen Schildwänden Fenster in der Gewölbezone, anders als bei den in Frankreich weit verbreiteten Längstonnengewölben, und schaffen damit bessere Voraussetzungen für die Belichtung des Raumes. Bei allen Vorteilen, die wir heute in dieser Lösung erkennen, die Zeitgenossen sahen es wohl etwas anders. Die Idee von St. Philibert in Tournus sollte keine Nachfolge finden, sie landete auf einem Abstellgleis der Architekturgeschichte.

Mit der Übernahme des Gebundenen Systems im Reich indes änderten sich auch die Vorgaben für die Aufrissgestaltung, wie es die ab 1138 errichtete Prämonstratenserkirche in Knechtsteden verdeutlicht: das Gewölbe erzwingt hier den Stützenwechsel im Langhaus, lässt die Obergadenfenster paarweise in der Schildwand zusammenrücken und ordnet nun generell alle Teile des Wandaufrisses nicht mehr nach der Gesamtlänge der Langhauswand, sondern nach den durch die Einwölbung vorgegebenen Wandeinheiten, das sind die einzelnen Joche.

In Hildesheim war das noch ganz anders, dort konnten über einer Reihe von zwölf Langhausarkaden insgesamt zehn Obergadenfenster regelmäßig über die gegebene Gesamtbreite verteilt werden. Erst mit der Einwölbung erfolgt zwingend die Gleichschaltung von Fensterreihe und Arkadenreihe.

Werfen wir abschließend noch einen Blick auf die überragende Bedeutung der Geometrie für die mittelalterliche Architektur und auf ihr Grundelement, den Bogen. Eine Darstellung aus der „Bible moralisée", die in Reims um 1220

Abb. 42: *deus geometer*

entstand, zeigt den Schöpfergott als *deus geometer*, wie er mit dem Bodenzirkel die Welt vermisst. Es illustriert nicht einen ganz bestimmten Moment der Schöpfungsgeschichte, sondern zeigt allgemein, wie die bloße Materie, die Masse, durch die Geometrie ihre Form und Gestalt gewinnt. Der Zirkel ist das wichtigste Werkzeug des Architekten, daneben tritt das Richtscheit.

Die Formvielfalt der allein mit Zirkel und Richtscheit gewonnenen Bogenformen zeigt die Zusammenstellung (Abb. 44), geordnet in Dreiergruppen.

Vorangestellt sind zwei sogenannte echte und ein falscher Bogen. Der Falsche ist aber nicht jener, der einfach schnurgerade abschließt. Dieser wird scheitrechter Bogen genannt. In der Alltagssprache mag ein ‚gerader Bogen' zum Widerspruch herausfordern, in der Fachsprache der Architektur nicht. Definiert ist der Bogen hier durch seine Konstruktion: Der Bogen ist aus Keilsteinen zusammengesetzt, deren Fugen zum Krümmungsmittelpunkt gerichtet sind und sich so durch den Druck des Eigengewichts selber trägt. So wie es das erste Beispiel in der Zusammenstellung zeigt. Hier ist der Fugenschnitt der Keilsteine auf den einen Zentrumspunkt des Rundbogens ausgerichtet. Deshalb ist das dritte Beispiel der Reihe, der scheitrechte Bogen eben auch ein echter Bogen, weil der scheitrechte Schluss aus Keilsteinen zusammengesetzt ist, die sich selber tragen. Das zweite Beispiel gilt jedoch nicht als Bogen, weil seine Form allein aus dem Vorkragen einzelner Steine resultiert.

Dort, wo die Krümmung des Bogens beginnt, ist der Kämpferpunkt; die Verbindung der Kämpferpunkte heißt Kämpferlinie. Teilt man den einen Zentrumspunkt des Rundbogens auf der Kämpferlinie entlang in zwei Zentrumspunkte, so entsteht ein Spitzbogen. Ist der Radius des Zirkelschlags identisch mit der lichten Weite, sitzen also die beiden Zentrumspunkte auf den Kämpferpunkten, dann entsteht ein regelmäßiger Spitzbogen, der ein gleichseitiges Dreieck umschreibt. Rücken beide Zentrumspunkte auf der Kämpferlinie einander näher, verringert sich der Radius des Zirkelschlags und damit auch die Scheitelhöhe, das Ergebnis ist ein gedrückter Spitzbogen. Rücken beide Zentrumspunkte dagegen auf der Kämpferlinie weiter nach außen, über die Kämpferpunkte hinaus, vergrößert sich der Radius des Zirkelschlags und damit auch die Scheitelhöhe, und es entsteht ein überhöhter Spitzbogen, der Lanzettbogen. Das vierte Beispiel der Reihe zeigt etwas umständlich einen gestelzten Spitzbogen, wenn etwa über einem Kapitell der Bogen nicht unmittelbar ansteigt, sondern wie auf Stelzen gesetzt zunächst noch ein Stück gerade geführt wird. Will man die Form eines Bogens verstehen, muss man Lage und Anzahl der Zentrumspunkte rekonstruieren.

Der Segmentbogen besitzt wie der Rundbogen einen einzigen Zentrumspunkt, er liegt aber unterhalb des Bogenanstiegs und bildet mit seinem Radius, der über die lichte Weite des Bogens hinausreicht, nur ein Kreissegment aus. Auch der Korbbogen folgt dieser Konstruktion, verändert aber durch Zufügung von zwei weiteren Zentrumspunkten auf der Kämpferlinie den Krümmungsradius und ermöglicht einen tangentialen Anschluss an die gerade geführten Seiten. Teilt man den Zentrumspunkt unter der Kämpferlinie nun in zwei Zentrumspunkte entsteht ein gespitzter Korbbogen, der Tudorbogen.

Auch der Hufeisenbogen besitzt einen Zentrumsbogen wie der Rundbogen. Die Bogenlinie aber wird an der Kämpferlinie vorbei weiter nach unten geführt, der Bogen zieht sich also wieder zusammen. Teilt man diesen einen Zentrumspunkt in zwei Zentrumspunkte wird aus dem Hufeisenrundbogen ein Hufeisenspitzbogen. Der Florentiner Bogen ist dagegen wieder ein einfacher Rundbogen, aber mit sichelförmiger Bogenstirn. Die Sichelform entsteht,

Abb. 43: Bogenformen

Abb. 44: Bogenformen

weil der Zentrumspunkt des Bogenrückens und der des Rundbogens nicht konzentrisch angelegt, sondern aus- und übereinandergestellt sind.

Wird ein Bogen aus drei einander tangierender Pässe, also Einzelrundbögen, gebildet – zwei seitliche mit dem Zentrumspunkt auf der Kämpferlinie, ein weiterer nach oben gerückt –, entsteht ein Dreipassbogen. Im gegebenen Beispiel ist er in einen großen Rundbogen einbeschrieben. Teilt man den oberen Zentrumspunkt wieder in zwei Punkte, wird aus dem oberen Rundbogen, dem Pass, wieder ein Spitzbogen, das sogenannte Blatt: der Dreiblattbogen. Ist eine ganze Reihe von Pässen in einem Bogen einbeschrieben, wie in dem dritten Beispiel der Reihe, mag ein jeder für sich entscheiden, ob er sie abzählen will oder nicht und den Bogen wahlweise einbeschriebener Neunpassbogen oder Vielpassbogen nennen.

Einen Wechsel von konkaven und konvexen Bogenabschnitten zeigen der Eselsrücken und der Kielbogen. Beide Begriffe werden heute meist synonym gebraucht. Unterschieden wurde der Eselsrücken als Dreizentrenbogen aus der Gruppe der Rundbögen von dem Kielbogen als Vierzentrenbogen, dessen Bogenlinie sich unterhalb der Kämpferlinie wieder zusammenzieht. Er gehört in die Gruppe der Hufeisenbögen. Im dritten Beispiel zeigt allein der abschließende Schlussstein den Wechsel von konkaver zu konvexer Form, es ist ein sogenannter *im Lichten geschneppter Bogen*. Ein hübscher Name, merken muss man ihn sich nicht.

Die drei letzten Beispiele gehören zur Gruppe der geraden Bögen: zuerst der scheitrechte Bogen, dann der die scheitrechten Seiten mit einem kleinen Radius verbindende Henkelbogen und schließlich ein gestelzter scheitrechter Bogen (Hals) über zwei großen Radien (Schulter), der Schulterbogen aus der Zeit um 1200, dessen Genese uns in die Zeit der großen Kathedralen führt.

IV Die großen Kathedralen

Die im Jahre 1211 begonnene Kathedrale von Reims gilt als die Königin unter den Kirchen Frankreichs. Sie ist Sitz eines Erzbistums und Krönungskirche der französischen Könige. Wir kennen die Namen ihrer Architekten: Jean d'Orbais, Jean de Loup, Gaucher de Reims, Bernard de Soissons. Denn sie benutzten wie ihre Kollegen in Chartres oder Amiens eine der monumentalsten Signaturformen, um ihren Meisteranteil am Werk zu bekunden: ein in den Fußboden des Mittelschiffs eingelassenes Labyrinth. In Chartres hat es einen Durchmesser von 12 m. In den Eckfeldern des Reimser Labyrinths waren Figur und Namen der genannten Architekten eingelassen. Die Vorstellung des Labyrinths verweist direkt auf den mythischen Baumeister Dädalos und auf das Labyrinth, das er im Palast des König Minos auf Kreta schuf. Auf der berühmten Weltkarte von Hereford aus dem 13. Jahrhundert ist die Insel Kreta zusammen mit dem Labyrinth abgebildet und mit der Beischrift versehen: „Labyrintus est domus dadali". Dädalos ist eben für das Mittelalter der alleinige mit Namen bekannte Vertreter aller antiken Architekten geworden. Er ist ein Erfinder, ein Techniker, jemand, der als erster zu fliegen gewagt hatte. Doch sind solche Gedankenflüge nicht allen Zeiten und allen Generationen gegeben: Als das Domkapitel in Reims 1779 beschloss das Labyrinth zu entfernen, hatte es sich durch Kinder gestört gefühlt, die darauf Hinkelhaus gespielt hatten.

Reims setzte auf allen Gebieten neue Maßstäbe: Die Reimser Bauhütte war die erste, die von Beginn an eine extensive Vorfertigung verschiedener Bauglieder, wie Pfeiler, Wandvorlagen oder Gewölbebögen betrieb. Voraussetzung hierfür war der maßstäblich verkleinerte Bauplan. Wir begegnen ihm erst seit dem 13. Jahrhundert.

Die frühesten Beispiele sind zwei Fassadenrisse, die auch als eine Art Werkprotokoll über die Geschosshöhen gedeutet wurden, die sogenannten Reimser Palimpseste. Noch im 12. Jahrhundert wurden die Steine erst dann zugerichtet, wenn sie gebraucht wurden, also unmittelbar vor ihrem Versatz. Im Winter, wenn nicht versetzt werden konnte, ruhte deshalb die Arbeit auf der Baustelle. Mit der seriellen Vorfertigung konnte nun in den beheizbaren

Abb. 45: Reims, Kathedrale, Chor von Osten

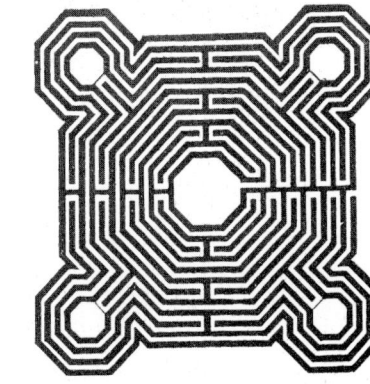

Abb. 46: Reims, Kathedrale, Labyrinth

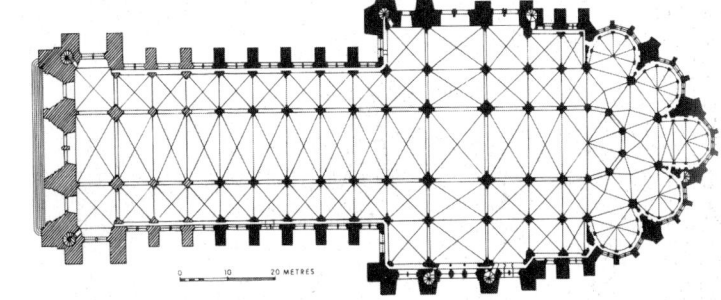

Abb. 47: Reims, Kathedrale, Grundriss

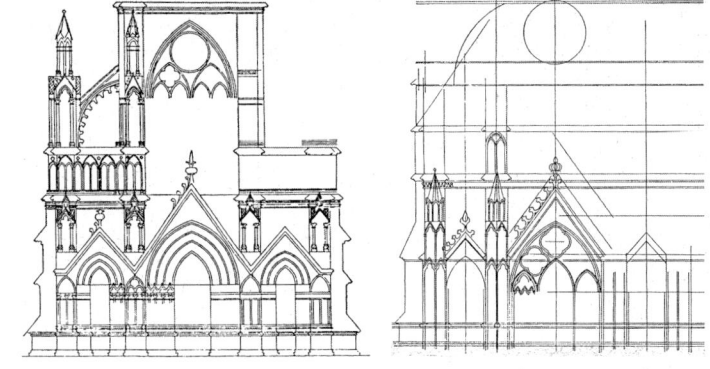

Abb. 48: Reimser Palimpseste

Bauhütten den ganzen Winter vorgearbeitet werden für die nächste Versatzko-
lonne im Frühjahr, man sparte Zeit und Geld. Die Planzeichnung des leitenden
Architekten wurde durch den Polier (vom franz. Verb parler = sprechen) in
entsprechende Fugenschnitte für die Steinmetze umgesetzt. Der Architekt
zeichnet, der Polier erläutert den Steinmetzen den Plan. Die Architektur wird
komplizierter, die Arbeit des Architekten konzeptueller. Pierre de Montreuil,
der die Südquerhausfassade der Pariser Kathedrale schuf, wurde in seiner
Grabinschrift gar *doctor lathomorum*, Doktor der Steinmetzkunst genannt.

Wichtigstes Medium der Bauplanung ist der Grundriss. Der Grundriss
von Reims zeigt im Westen eine Doppelturmfassade – gut erkennbar dort an
den Pfeilerverstärkungen –, ein dreischiffiges Langhaus, ein dreischiffiges
Querhaus und einen fünfschiffigen Umgangschor. Der Umgangschor ist der
komplizierteste Teil der Anlage. Er zeigt einen kurzen Chorhals, das ist der

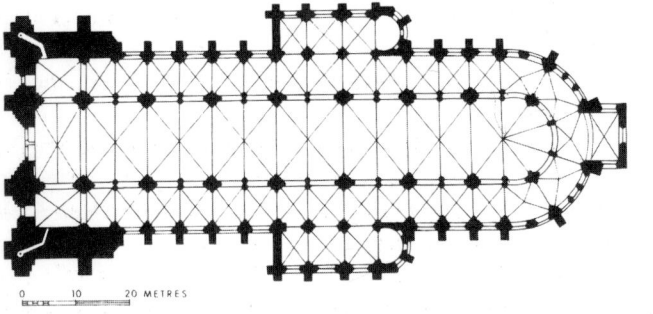

Abb. 49: Sens, Kathedrale, Grundriss

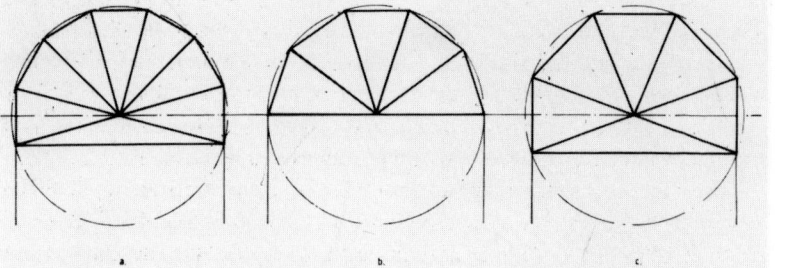

Abb. 50: Chorschlüsse 7/12, 5/10, 5/8

gerade geführte Bauabschnitt, und daran anschließend in radialer Anlage das Chorhaupt. Ihm liegt als geometrische Grundfigur ein halbes Zehneck zugrunde: in der Apsis fünf Seiten eines regelmäßigen Zehnecks, kurz: ein 5/10 Schluss, in radialer Verlängerung dann fünf trapezförmige Umgangsjoche und schließlich der Kapellenkranz aus fünf Radialkapellen, ebenfalls aus fünf Seiten eines regelmäßigen Zehnecks gebildet; die mittlere, das ist die Chorscheitelkapelle, ragt um ein Joch erweitert hervor.

Wie in der Apsis ist diesem 5/10 Schluss auch in den Radialkapellen ein Abschnitt vorgeschaltet, den wir als Halbjoch bezeichnen. Dieser Begriff mag zunächst verwundern, da dieser Abschnitt von seinen Abmessungen keineswegs einem halben Vorchorjoch entspricht. Verständlich wird die Bezeichnung erst im Zusammenhang mit der Konstruktion des Reimser Chorschlusses und seiner Entstehung aus dem sechsteiligen Gewölbe.

So nahm die Chorschlusslösung der erzbischöflichen Kathedrale zu Sens (um 1140 begonnen) ihren Ausgang von einem sechsteiligen Gewölbefeld. Dessen östliche Hälfte bereitet die Teilung in fünf gleiche Abschnitte vor, der westliche Teil hingegen leitet zu den maßgleichen sechsteiligen Gewölben der Vorchorjoche über. In Sens ist dieses Halbjoch auch von seinen Abmessungen wirklich ein halbes Joch.

Das sechsteilige Gewölbe der Kathedrale von Sens beruht auf dem Gebundenen System, in dem einem quadratischen Mittelschiffsjoch zwei quadratische Seitenschiffsjoche halber Seitenlänge entsprechen und zeigt ebenso den daraus resultierenden einfachen Stützenwechsel. Neu ist die zusätzliche Querrippe im quadratischen Mittelschiffsjoch, die den Takt der Seitenschiffe in das Mittelschiff trägt und aus dem vierteiligen Gewölbefeld ein sechsteiliges macht. Ganz anders dagegen die jochweise Einwölbung der Reimser Kathedrale, das sogenannte Travéesystem. Hier entspricht einem Seitenschiffsjoch genau ein querrechteckiges Mittelschiffsjoch. Die statisch ungünstigen unterschiedlichen Scheitelhöhen, die bei der ausschließlichen Verwendung des Rundbogens mit seinem starren Verhältnis von Arkadenweite und Scheitelhöhe bei einem rechteckigen Gewölbefeld entstehen, werden in Reims durch die dem Spitzbogen eigene variable Proportionierung des Bogens vom gedrückten bis hin zum überhöhten Spitzbogen und durch Bogenstelzung ausgeglichen.

Dieses Travéesystem ohne Stützenwechsel kennzeichnet die regelmäßige Folge der Joche im Reimser Langhaus, dort mit gleichem Pfeilerabstand. Deutlich größer ist der Pfeilerabstand dann in der Vierung, deutlich kleiner im Chorpolygon.

Kennzeichnend für Reims ist nun eine allmähliche Überleitung: einmal durch die sukzessive Abnahme der Pfeilerstärke und der Pfeilerabstände, dann durch die proportionale Verschmälerung der Scheidbögen von der Vie-

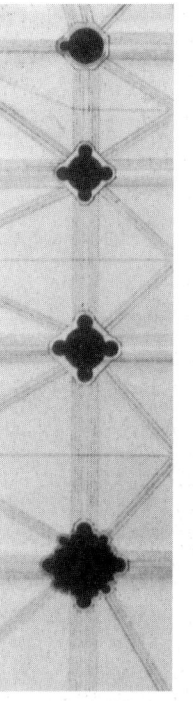

Abb. 51: Reims, Detail des Grundrisses

rung hin zum Chorpolygon. Hinzu tritt die Veränderung der Pfeilerform: der
Vierungspfeiler ist als Bündelpfeiler gestaltet, Chor- und Langhauspfeiler als
kantonierter Rundpfeiler, die Apsispfeiler schließlich sind Rundstützen mit
nur einem vorgelegten Dienst zum Binnenchor hin.

Auch zum Westabschluss hin greift das gleiche Gestaltungsprinzip: die
westlichen Pfeiler wurden deutlich stärker dimensioniert als die übrigen
Langhauspfeiler. Der Grund ist hier die ungleich höhere Auflast durch die
Doppelturmanlage. Die Fortschreibung eines Rasters gleicher Abstände
von Pfeilermitte zu Pfeilermitte bei gleichzeitiger Vergrößerung des Pfeiler-
querschnitts hätte zu sehr schmalen Arkadenöffnungen im Westen geführt.
In Reims hingegen vergrößern sich die Pfeilerabstände nach Maßgabe der
Arkadenweiten. Man erhält damit identische Arkadenweiten, die den Westbau
mit dem Langhaus optisch zu einer Einheit verbinden.

An die Antike angelehnt erscheinen die Proportionen der Kapitelle des
Reimser Pfeilers: Hohes Kapitell für den großen Pfeilerkern, niedriges Kapitell
für die schmalen Pfeilervorlagen, also eine proportionale Abhängigkeit der

Abb. 52: Reims, Kathedrale, Langhaus nach Südwesten

Abb. 53: Reims, Kapitell und Langchorpfeiler

Höhe des Kapitells vom Durchmesser der Stütze. Deutlich sind diese unterschiedlichen Zonen im Kelchknospenkapitell des Reimser Langchorpfeilers
erkennbar. Erst ein friesartiges Schmuckband unter den niedrigen Kapitellen
der Pfeilervorlagen vereint die unterschiedlichen Kapitelle zu einem großen
Pfeilerkapitell.

Neu in Reims ist auch der Aufbau der Aufrissgliederung: ein dreizoniger
Wandaufbau mit Arkade, Triforium und hohem Obergaden mit wandbreiten Maßwerkfenstern. Das Triforium ist ein Laufgang in Mauerstärke. Der
Begriff hat nichts mit einer Dreizahl von Bogenstellungen zu tun, sondern
wird abgeleitet vom französischen *trifoire* = durchbrechen. Am Außenbau
befinden sich in eben dieser Zone die Pultdächer über den Seitenschiffen, die
schräg von der Außenwand hinauf zur Fenstersohlbank der Obergadenfenster
reichen. Wegen dieser Pultdächer außen ist die Triforiumszone innen auch
ohne direkte Beleuchtung.

Dieselbe Funktion erfüllte das Triforium bereits in den Bauten der zweiten
Hälfte des 12. Jahrhunderts in Frankreich und deren Rezeption in Deutschland
im frühen 13. Jahrhundert, hierfür stehen die Beispiele der Kathedralen von
Laon (1155/1160 begonnen) und Limburg an der Lahn (im letzten Viertel des
12. Jh. begonnen).

Doch wurde hier zwischen Arkade und Triforium noch eine vierte Auf-
risszone eingefügt: die Empore. Anders als das Triforium erstreckt sich die

Abb. 54: Limburg a. d. Lahn, Dom, Langhaus

Empore über die gesamte Breite des darunterliegenden Seitenschiffs, die Außenwand der Empore liegt also über der Außenwand des Seitenschiffs. Braucht man diese Emporen? Unbedingt. Aber nicht, um dort beten, singen oder wie häufig in den großen Pilgerkirchen sich verarzten oder pflegen zu lassen. Emporen erzwingen Höhe. Das ist ihr primärer Zweck im Aufrisssystem des Langhauses. Ausgeblendet bleiben an dieser Stelle Emporen in Frauenklöstern oder in Westbauten. Die hieraus entstehenden Räume mögen zu verschiedenen Zeiten dann unterschiedlichen Funktionen gedient haben oder auch nicht, ihre Existenz verdanken sie zuallererst der Höhensteigerung des Bauwerks. Deshalb erfolgt der Verzicht auf die Empore innen dann gleichzeitig mit der Errichtung des vielteiligen Strebewerks am Außenbau, die nur wenige Jahre vor dem Baubeginn in Reims mit der Kathedrale von Chartres eine neue Dimension in der Höhenerstreckung einleitet. Deutlicher Gewinner

Abb. 55: Laon, Kathedrale, Langhaus

dieses Paradigmenwechsels ist ganz augenscheinlich das Obergadenfenster, das nun nicht mehr nur als eine Öffnung in der niedrigen Schildwand begegnet, sondern bis weit hinab unter die Kämpferzone der Gewölbe reicht.

Diese neuen Fenster in Reims sind nicht nur größer, sie nehmen auch die gesamte Wandbreite ein; sie ersetzen die Wand vollständig. Und ihre Konstruktion unterscheidet sie grundlegend von früheren Fenstern: sie sind durch plastische Stäbe unterteilt, das ist neu. Die Stäbe unterteilen die Fensterlichte in einzelne Bahnen und schmücken das Bogenfeld, das Couronnement, über den Bahnen mit verschiedenen Passformen. In Reims zeigt das Couronnement einen großen Kreis und darin umlaufend sechs kleine Dreiviertelkreise. Man kann diese Reihe von sechs umlaufenden Dreiviertelkreisen so anordnen, dass die Mittelachse des Fensters die Kreise in ihrem Scheitel schneidet oder, wie hier in Reims, dass sie genau zwischen zwei Kreisen verläuft, wir sprechen

Abb. 56: Villard de Honnecourt, Maßwerkzeichnung

dann einmal von einer stehenden oder aber wie in Reims von einer liegenden Anordnung. In der Fachsprache kurz: ein zweibahniges Maßwerkfenster mit einem einbeschriebenen liegenden Sechspass.

Die obere Zeile der Maßwerktafel (S. 66) verdeutlicht noch einmal die Veränderung in Reims gegenüber den nur wenige Jahre älteren Großbauten, den Kathedralen von Soissons (um 1200 begonnen) und Chartres (1194 begonnen). Beide zeigen im Aufbau der Fensterzeichnungen deutliche Gemeinsamkeiten mit Reims, doch erscheinen die Einzelformen wie aus einer monolithischen Steinplatte herausgebrochen. Es entstehen ganz verschiedene Fenstergrup-

Abb. 57: Maßwerkformen: Soissons, Chartres,
Reims, Straßburg I, Straßburg II, Halberstadt,
Marburg, Esslingen

Abb. 58: Köln, Dom, Chorfenster von innen

Abb. 59: Köln, Dom, Chorfenster von außen

pierungen, sogenannte Gruppenfenster. Diese sind eben nicht aus einzelnen plastischen Stäben gebildet, wie sie die ersten Maßwerkfenster in der Kathedrale von Reims zeigen. Augenfällig ist der Unterschied besonders in den Zwickelflächen im Couronnement.

Mit der weiteren Vergrößerung der Fenster steigt nach Reims die Anzahl der Fensterbahnen. So im Langhaus des Straßburger Münsters aus der Mitte des 13. Jahrhunderts. Hier führt die Vergrößerung der Fenster zu vierbahnigen Maßwerklösungen, genauer: zu zweimal zweibahnigen Lösungen. Eine Verdopplung. Verdoppelt ist die Breite der Fenster, verdoppelt ist nicht die bekrönende Passfigur, hier ein Sechspass über zwei Vierpässen. Im Obergaden des Straßburger Münsters erscheint dann das gleiche vierbahnige Fenster, nun aber treten an die Stelle der runden Pässe spitzbogige Blätter: also ein einbeschriebenes Sechsblatt über zwei einbeschriebenen Vierpässen. Eine Lösung nach dem Vorbild der Sainte-Chapelle in Paris.

Ende des 13. Jahrhunderts begegnen im Halberstädter Dom dann vierbahnige Fenster mit einem großen Sechspass über zwei kleineren Sechspässen – eine Verdopplung nun auch in den Passformen. Die Größendifferenzen der Passradien werden ausgeglichen, indem in den oberen großen Pass wieder kleinere Passfolgen eingesetzt sind, im Ergebnis entsteht der sogenannte genaste Sechspass. Nicht nur der Aufbau der Maßwerke jener Zeit mag kopflastig erscheinen, die Fachbegriffe sind es allemal: wir sprechen von homolog-hierarchischen Strukturen.

Typisch für die Jahrzehnte vor und nach 1300 sind die sphärischen Formen, wie das sphärische Viereck oder Bogenviereck im Westfenster der Marburger Elisabethkirche. Eine wirkliche Zäsur aber bilden erst die Fischblasenformen Ende des 14. Jahrhunderts unter dem Architekten Peter Parler am Prager Domchor. Anders als alle früheren Maßwerkformen, ist die Fischblase nicht achsensymmetrisch. Sie ermöglicht damit erstmals ein Drehmoment. Im Beispiel der Seitenschifffenster der Frauenkirche in Esslingen ist es eindeutig linksdrehend. Vielfältig und kleinteilig begegnen die Maßwerkformen im 15. Jahrhundert als reine Schmuckformen in den Kirchenfenstern, den Altären, in der Malerei und auf Textilien. Ihren Ursprung aber nahmen die Maßwerke nicht als Schmuckform, sondern als architekturgebundene Form, mit dem Ziel, das Fenster in den Wandaufriss zu integrieren, indem die Pfosten der wandbreiten Fenster den Dienstbündeln der Wand angeglichen wurden. In Reims besteht dieses Dienstbündel aus fünf Diensten: in der Mitte der starke Dienst für den Gurtbogen, dann die beiden Dienste für die Rippenbogen und ganz außen die beiden Dienste für die Schildbogen, also jene Bögen, die die Schildbogenwand umgreifen und die Grenze zwischen Wand und Gewölbe markieren. Doch ist diese Wand in Reims durch die wandbreiten Fenster aufgelöst, die beiden vermeintlichen Schildbogendienste bereiten hier vielmehr die Fensterarkaden des Obergadens vor. Noch in den siebziger Jahren des 13. Jahrhunderts ist mit Beginn des Chorobergadens des Kölner Doms diese Einbindung von Fensterpfosten und Dienstbündel gegeben. Geändert hat sich gegenüber Reims aber noch einmal die Dimension. Über jedes einzelne dieser vierbahnigen Kölner Obergadenfenster könnte man – in die Fläche gelegt – eine geräumige 100 m² Wohnung einrichten.

Ebenso zeugen die großen Turmbauten des 13. Jahrhunderts von den neuen Dimensionen dieser Großbauten, die erst 700 Jahre später, im 19. Jahrhundert, an Höhe übertroffen werden sollten. Ihr Aufbau resultiert wie in Reims aus der Einbeziehung in das dahinter liegende Langhaus und der Tradition der Doppelturmanlage seit St. Denis (1140 begonnen) bei Paris und ist durch Portalanlage, Rosengeschoss und Turmfreigeschosse, mit dazwischen gespannten Galerien, insbesondere die sogenannte Königsgalerie, gekennzeichnet. Deren frühestes Beispiel erscheint an der Kathedrale Notre-Dame in Paris um 1220.

Im direkten Vergleich der beiden Doppelturmfassaden der Kathedralen in Laon und Paris werden zwei Grundprobleme deutlich, auf die der Architekt schon bei seiner Grundrisskonzeption eine Antwort geben musste: Da sind zunächst die drei großen Achsen der Westfassade – ein breiter Mittelabschnitt und zwei schmalere Seitenabschnitte –, die sich nach den Maßgaben des dahinter liegenden dreischiffigen Langhauses mit breitem Mittelschiff und schmaleren Seitenschiffen ausrichten. In Laon wird deutlich, wie die unterschiedlichen Breiten aufgrund der daraus resultierenden Höhendifferenz zu Horizontalsprüngen im Mittelbau führen. Schon in der Anlage des Grundrisses rückte der Architekt deshalb die Strebepfeiler zwischen Mittel- und Seitenportal weiter nach innen, also aus der Flucht der Langhauspfeiler. Er kompensierte damit zumindest einen Teil der Breitendifferenz und damit der Horizontalsprünge. Anders der Architekt von Notre-Dame in Paris: Er musste einem fünfschiffigen Langhaus eine Fassade voranstellen. Seine Lösung verbindet die beiden Seitenschiffe zu einem gemeinsamen Fassadenabschnitt, der sich der Breite des mittleren Abschnitts nähert. Im Ergebnis annähernd gleiche Breiten, annähernd gleiche Scheitelhöhen, keine Horizontalsprünge.

Das zweite Grundproblem bei der Konzeption der Doppelturmfassade ist die Überleitung von dem quadratischen Grundrissfeld des Turmes zur achtseitigen Grundfläche des abschließenden Turmhelmes, kurz: von einem Viereck unten zu einem Achteck oben. In Laon nutzt der Architekt Fialen für den Übergang von einem Geschoss in das nächste. Über dem Rosengeschoss erscheint dann der oktogonale Kernbau, begleitet von rechtwinklig angelegten Fialen, und darüber die oktogonale Grundfläche für den Turmhelm. Sie ist umstellt von vier diagonal gestellten, durchbrochenen Fialen und darüber einem offenen

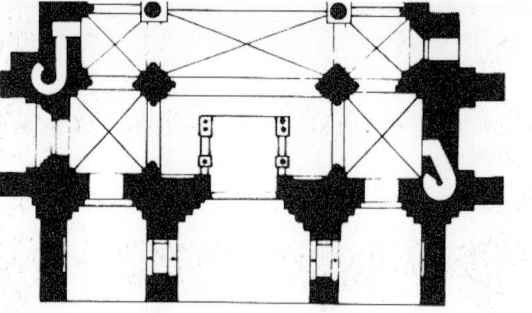

Abb. 60: Laon, Kathedrale, Westfassade und Grundriss

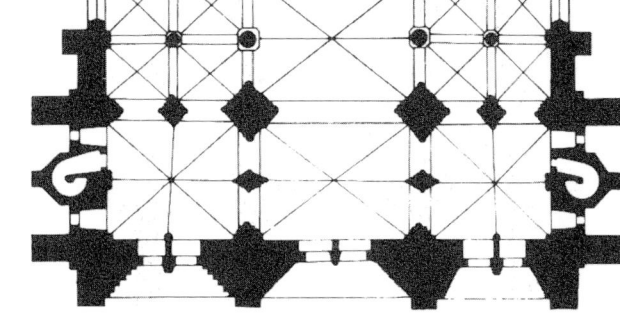

Abb. 61: Paris, Kathedrale, Westfassade und Grundriss

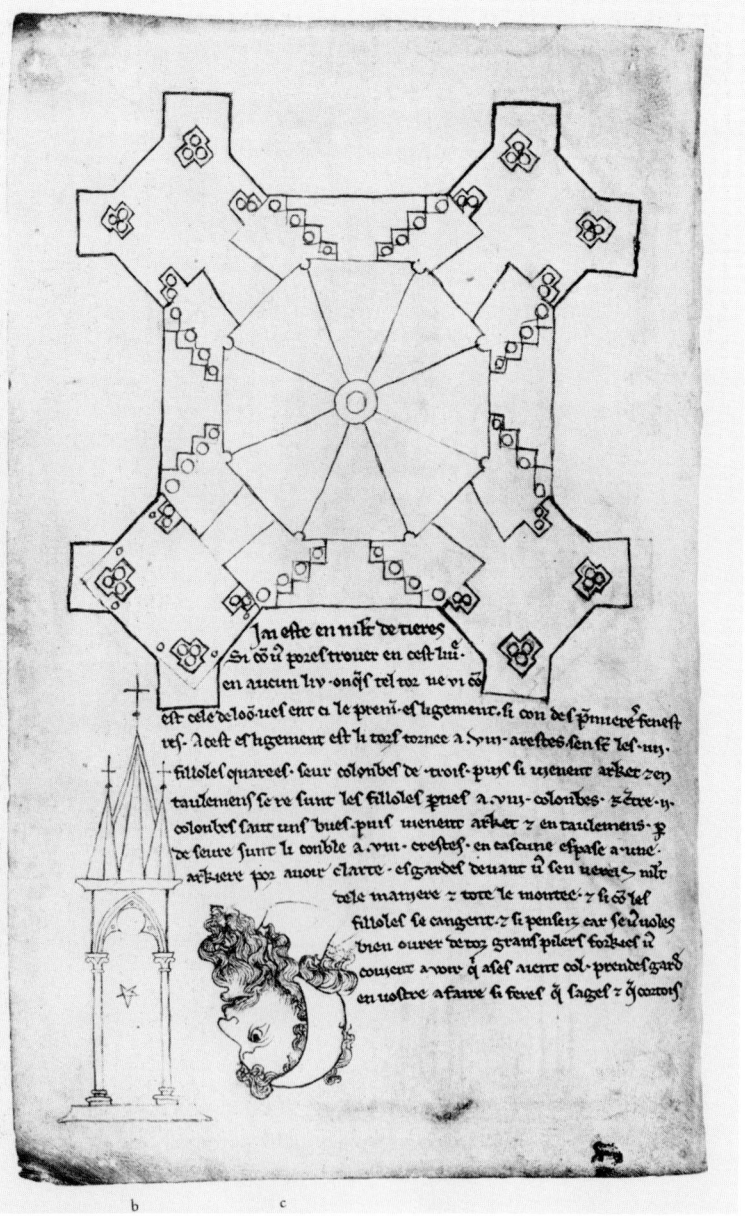

Abb. 62: Villard de Honnecourt, Turmgrundriss

Abb. 63: Villard de Honnecourt, Turmaufriss

achtseitigen Aufbau, der schließlich als Grundfläche für die vier flankierenden
kleinen Begleittürmchen dient. Deutlich weniger Flächenrücksprünge und
Strebepfeilerdurchbrechungen investiert der Pariser Architekt zur Vorbereitung
des achtseitigen Turmhelms, so wenig, dass man sich heute eine Vollendung
der Fassade mit Spitzhelmen nur ungern vorstellen mag.

Es gibt ein einziges Büchlein aus dem 13. Jahrhundert, das uns eine bild-
liche Vorstellung davon gibt, wie die Zeitgenossen vom Fach diese neuen
Großbauten sahen: das sogenannte Skizzenbuch des Villard de Honnecourt,
begonnen um 1225/30. Ein Fachbuch mit vielen Abbildungen und wenig Text.
Den Turm von Laon hebt Villard heraus:

„Ich bin in vielen Ländern gewesen, wie ihr aus diesem Buche ersehen könnt;
(aber) an keinem Orte habe ich jemals einen solchen Turm erblickt, wie der
von Laon einer ist. Seht hier (den Grundriss) des ersten Geschosses dort, (wo
es) bei den ersten Fenstern (anhebt). Auf (der Höhe) dieses Grundrisses ist der
Turm von 8 (Strebe-) Pfeilern umgeben; die vier Türmchen, auf (Bündeln) von
(je) drei Säulen, sind viereckig. Alsdann kommen Bogen und Stockwerke. Und
dann sind wieder Türmchen da, durch acht Säulen gegliedert, und zwischen
zwei Säulen ragt ein Ochse heraus. Und dann folgen Bogen und das Geschoss.
Darüber ist der Helm mit acht Gräten. In jedem Feld dient eine Schießscharte
zur Beleuchtung. Schauet vor Euch: Ihr werdet viel darin sehen über die Bau-
art und über den ganzen Aufbau und darüber, wie die Türmchen miteinander
abwechseln. Und überlegt es Euch wohl: denn wenn ihr einen guten Turm
machen wollt, so müsst ihr Strebepfeiler wählen, die von genügender Tiefe
sind. Habt wohl acht auf Euere Arbeit; so werdet Ihr tun, was eines weisen
und großzügigen Mannes würdig ist" (Hahnloser, 50).

Wer schreibt hier eigentlich? Ein Architekt? Ein Dilettant? Wir nehmen an,
dass Villard selbst Analphabet war und für die Kommentare in seinem Skiz-
zenbüchlein Schreibkundige bemühen musste. Ein führender Architekt seiner
Zeit war er gewiss nicht. Schon seine Darstellung einer Sägemühle, die – so
wie sie gezeichnet ist – gar nicht sägen kann oder seine Vorstellung eines
perpetuum mobile wenige Seiten zuvor nähren diese Zweifel: „Gar manchen
Tag haben Meister darüber beratschlagt, wie man ein Rad machen könne, das
sich von selber dreht. Hier ist eines, das man aus einer ungeraden Anzahl von
Hämmern oder mit Quecksilber machen kann" (Hahnloser, 24).

Auch die Kathedrale von Reims hat Villard gesehen und gezeichnet. Das
neue Reimser Fenster zeichnet er ganz konsequent in seiner Einbindung in
das Vorlagensystem. Seine Wiedergabe der Reimser Chorkapelle gehört zu
den genauesten des gesamten Buches.

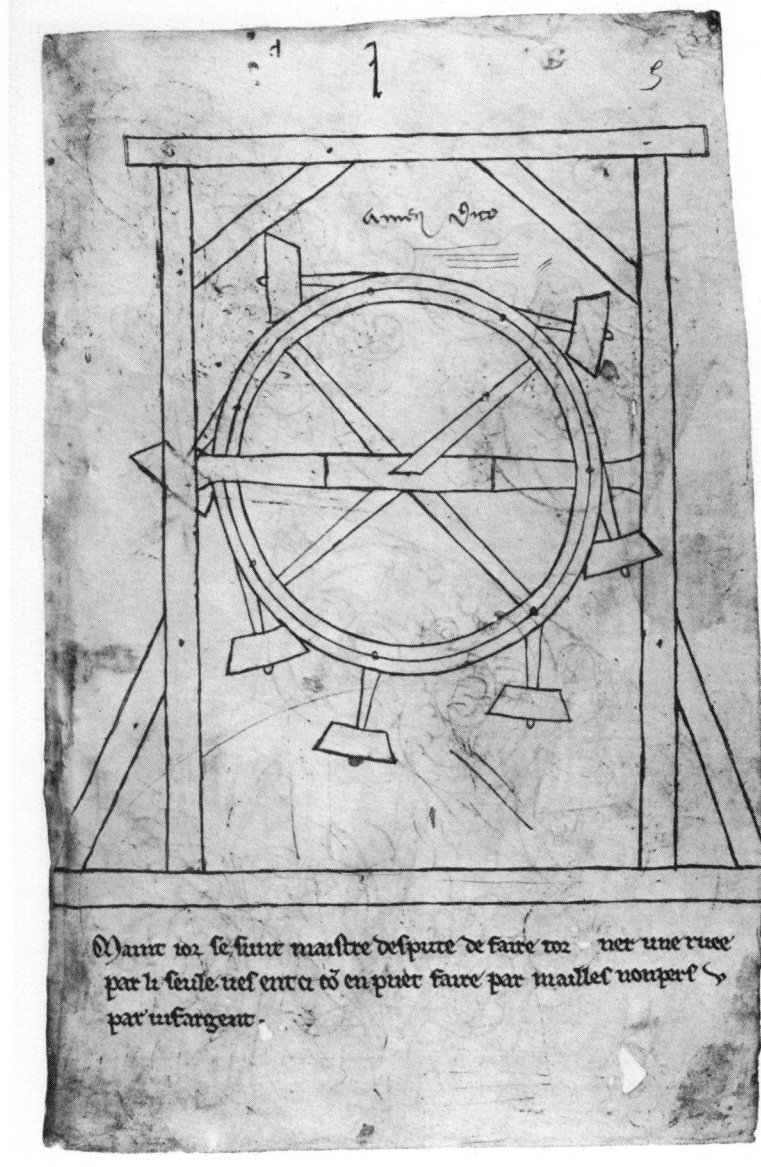

Abb. 64: Villard de Honnecourt, *perpetuum mobile*

Abb. 65: Villard de Honnecourt, Reimser Chorkapelle

Abb. 66: Reims, Kathedrale, Chorkapelle nach Süden und Südosten

Die Besonderheit dieser Kapelle, dass ihr Sockel rund geführt und die darüber liegende Fensterzone aber vieleckig gebrochen ist, ließ sich nur in einer perspektivischen Ansicht darstellen. Aber Villards Perspektive ist nicht unsere heutige. Sie weicht in wesentlichen Punkten von uns geläufigen – zentralperspektivisch konditionierten – Sehgewohnheiten ab: Die Horizontalen würden wir bei einer Innenraumdarstellung nach oben heben, Villard krümmt sie nach unten, wie wir es für Außenbaudarstellungen gewohnt sind. Auch nimmt bei Villard der Grad der Krümmung von unten nach oben hin zu, leicht zu erkennen in Höhe des Laufgangs mit seinen schulterbogigen Öffnungen, Villard nennt sie „verborgene Bogen". Schließlich verschiebt Villard die Scheitelpunkte der beiden seitlichen Spitzbogen nach außen statt nach innen, was vielleicht am meisten befremdet. Der Kenner und Bearbeiter des Skizzenbuches des Villard de Honnecourt räumt denn auch ein: „Ich gestehe, dass sich mir das Gesetzmäßige dieser scheinbaren Unregelmäßigkeiten erst nach jahrelangem Umgang mit den Zeichnungen erschlossen hat" (Hahnloser, 163).

V Karolinische Reichsarchitektur

Von Kaiser Karl IV. (1355–1378) heißt es, dass er Zeit seines Lebens um sich her Baulärm auszulösen wusste, ohne dabei notwendig immer selbst an all diesen Bauten direkt beteiligt gewesen zu sein. Getauft wurde er auf den Namen Wenzel. Nach seiner Firmung nannte er sich dann Karl, unter Berufung auf Kaiser Karl den Großen. Er wurde in Prag geboren und in Paris erzogen. Als einziger deutscher Regent hinterließ er eine Autobiographie und als erster annähernd realistische Porträts seiner Person. Er erhob Prag zur kaiserlichen Residenz, nutzte die zentrale Lage Nürnbergs als Regierungsort und betonte die sakrale Bedeutung Aachens als Krönungsort der deutschen Könige. Der Neubau der Aachener Chorhalle und der Hallenumgangschor von St. Sebald in Nürnberg, beide 1355 im Jahr der Kaiserkrönung Karls begonnen oder geplant, gehören zu den herausragenden Vertretern der Karolinischen Reichsarchitektur, ohne dass eine direkte Beteiligung des Kaisers dort belegt wäre.

Wie die 100 Jahre ältere Oberkirche der Sainte-Chapelle in Paris ist auch die Aachener Chorhalle ein stützenloser Saalraum, dessen dünne Pfeiler einer durchlaufenden Glaswand vorgelegt erscheinen. Voraussetzung für die Konstruktion ist ein massiver Einsatz von Eisen in Form von Ring- und Zugankern, um die Schubkräfte der Gewölbe zu kompensieren. Einmal dort, wo man die Anker nicht sieht, also in der Fenstersohlbank und über den Gewölben, aber auch sichtbar im Fenster, am Kämpferansatz und in halber Fensterhöhe, wo die Ringanker sich aber nur auf den zweiten Blick von den Windeisen der Fenster unterscheiden. Ein ungeheurer technischer Aufwand für ein Ergebnis, das kein anderer Kulturkreis je angestrebt hat: weder die Griechen noch die Römer, weder die Ägypter, Chinesen, Inder oder Inkas. Es ist eine genuine Leistung des christlichen Europa bis zur Reformation.

Der Grundriss des Aachener Chores hingegen steht allein in seiner Zeit. Er folgt mit seinen eingezogenen Polygonseiten mehr dem Vorbild des über 500 Jahre älteren karolingischen Zentralbaus. Ebenso der Grundriss des Hallenumgangschores von St. Sebald in Nürnberg: das innere Polygon ist wie in Aachen aus dem Achteck gebildet, das äußere aus dem Sechzehneck, und wie in Aachen verbinden in Nürnberg alternierend quadratische und dreiseitige

Abb. 67: Paris, Sainte-Chapelle, Oberkapelle nach Osten

Abb. 68: Aachen, Dom, Chor nach Osten

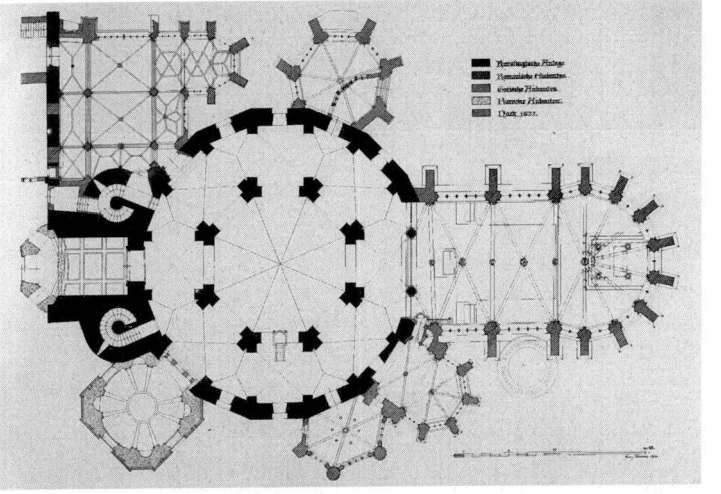

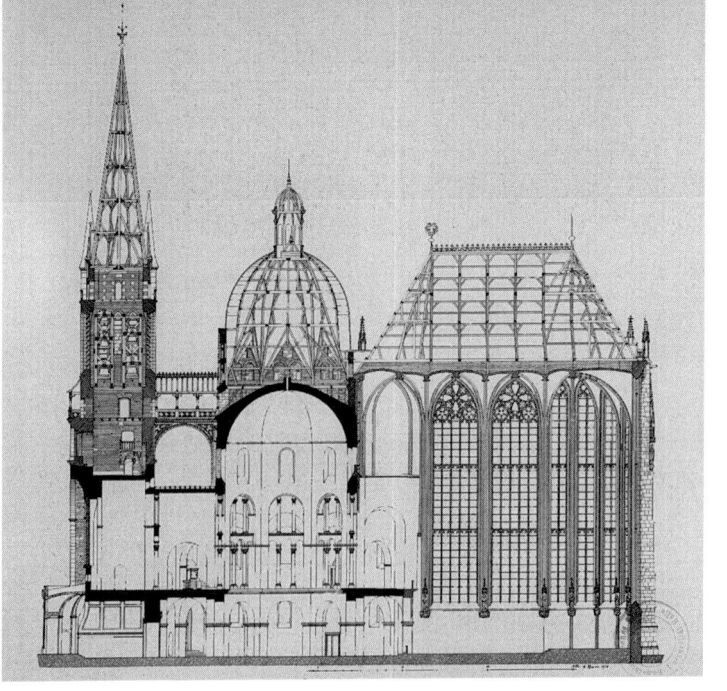

Abb. 69: Aachen, Dom, Grundriss und Längsschnitt

Abb. 70: Nürnberg, St. Sebald, Chor nach Osten

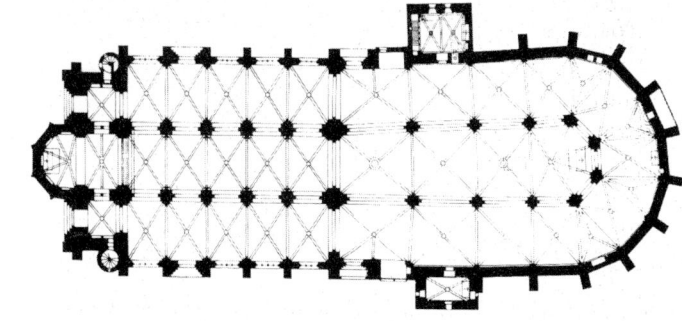

Abb. 71: Nürnberg, St. Sebald, Grundriss

Abb. 72: Prag, Veitsdom, Chor nach Osten

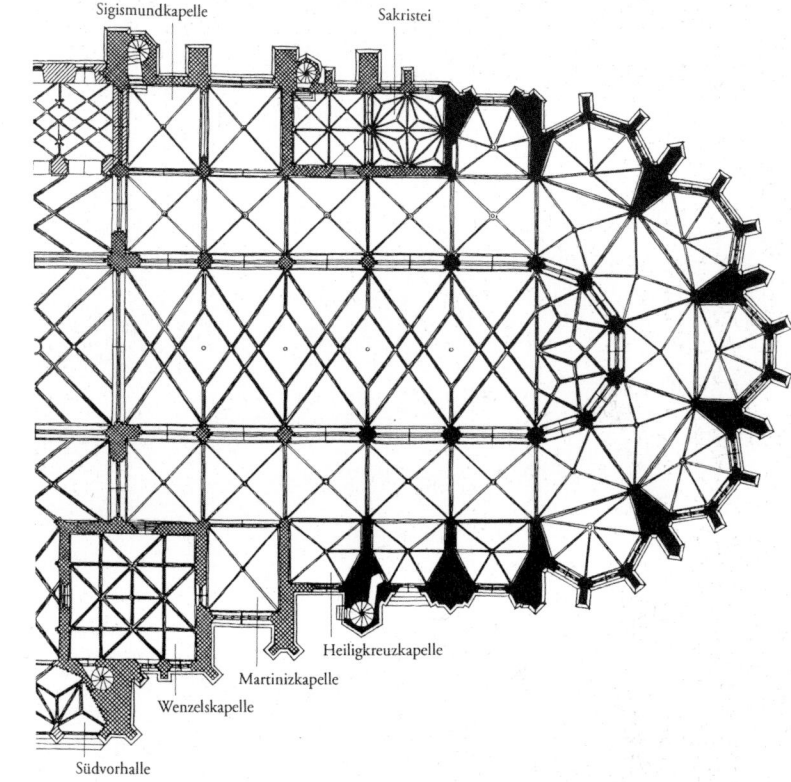

Abb. 73: Prag, Veitsdom, Chorgrundriss mit Dreistrahlgewölbe

Gewölbe die ungleichen Polygone. Im Jahr 1355 stiftet Karl IV. zudem die Frauenkirche in Nürnberg. Im Grundriss bildet die Kirche einen quadratischen Vierstützenraum, der, wie es in der Stiftungsurkunde heißt, „zu Lob und Ruhme seines Kaisertums" gebaut wurde. Alljährlich sollten auf dem Altan der Vorhalle der Frauenkirche die Reichskleinodien gewiesen werden.

Überhaupt markiert das Jahr der Kaiserkrönung Karls IV. 1355 eine Zäsur in der Geschichte der Architektur im Heiligen Römischen Reich. Neue Leitbauten entstehen und die direkte Rezeption französischer oder burgundischer Bauten tritt völlig zurück; soweit der nachrechenbare quantitative Befund. Für diesen Wechsel stehen auch die beiden Architekten des zentralen Bauwerks der hier vorgestellten Karolinischen Reichsarchitektur: Matthias von Arras, Peter Parler und ihr Neubau der Prager Kathedrale.

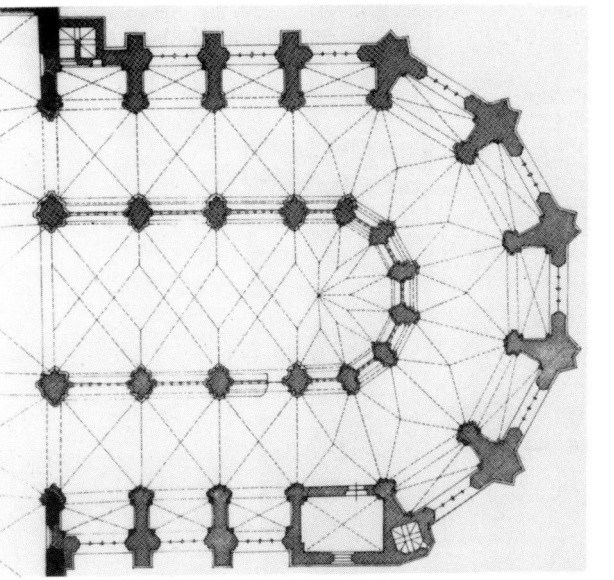

Abb. 74: Kampen, Bovenkerk, St. Nikolaus, Chorgrundriss

Schon 1344 begann mit der Erhebung Prags zum Erzbistum ein ambiti-
onierter Neubau unter dem französischen Architekten Matthias von Arras
nach den Vorbildern der Kathedralen von Narbonne und Rodez: Ein Umgangschor um einen 5/10 Chorschluss mit Halbjoch und mit einem Kranz von
Radialkapellen, die am geraden Chorhals polygonal wie die Radialkapellen
weitergeführt werden. Die Ostteile waren bereits bis zur Höhe des Triforiums
hochgeführt und die Umgangsgewölbe eingezogen, als Matthias von Arras
1352 verstarb. Noch vor 1357 wurde Peter Parler als sein Nachfolger berufen.
Er führt den Dombau nun nach verändertem Plan fort, seine wichtigste und
folgenreichste Neuerung ist das jochübergreifende Mittelschiffsgewölbe, hier
das sogenannte Zweiparallelrippengewölbe. Es schafft die Voraussetzung für
die vielteiligen Netz- und Sternfigurationen des 14. und 15. Jahrhunderts, der
bedeutendsten Innovation in der Architektur des späten Mittelalters.
   Das Neue an diesem Gewölbe ist, dass es die Grenzen des einzelnen kreuz-
gewölbten Joches sprengt und jochübergreifende Figurationen ermöglicht.
Auch die Schlusssteine sitzen nun nicht mehr nur allein in den Rippenkreu-
zen, sondern können nun ganz ihrer tektonischen Funktion enthoben, frei in
die Fläche gesetzt werden – oder auch nicht. Konstruktive Voraussetzung
der neuen Gewölbe ist ein durchgehender Wölbgrund – in Prag ist es ein

Abb. 75: Strebepfeilerausrichtung, Schwäbisch Gmünd (oben) und Kampen, Bovenkerk (unten)

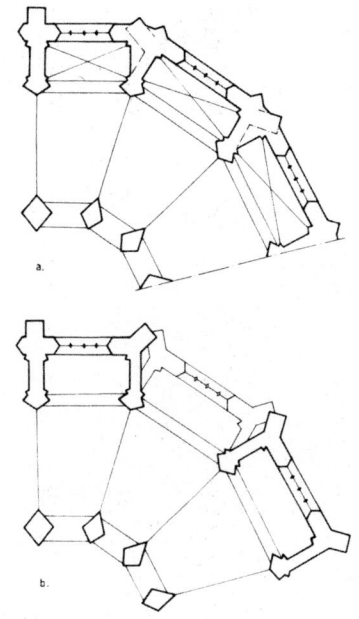

Tonnengewölbe mit Stichkappen. Dem unterlegt sind die verschiedenen Rippenbahnen, die man als parallele Verschiebung von Kreuzrippen gedeutet hat, daher das Wortungetüm Zweiparallelrippengewölbe. Naheliegender erscheint indes die Deutung als Dreistrahlgewölbe, als eine Folge von Dreistrahlen, die im Langchor von einem jeden Pfeiler ausgeht und in der Apsis vom Schlussstein. Bei dem gegebenen 5/10 Chorschluss resultiert aus diesem Aufbau ein einziger rippengleicher Gurtbogen am Ansatz des Polygons, der aber sofort verschwindet, wenn man dieses Gewölbe über einem 7/12 Schluss konstruiert. Hier schließen in idealer Weise die Rippen von Vorchor und Polygon aneinander, wie es das Binnenchorgewölbe der St. Nikolauskirche in Kampen am Ijsselmeer zeigt. Sofort einsichtig werden diese Zusammenhänge einem jedem, der die Dreistrahle über beiden Grundrissen selbst einmal nachzuzeichnen versucht.

Am Außenbau dieses Kampener Chores tritt eine neue Strebepfeilerform auf, die zwar keine Karriere machen sollte, aber viel über das konstruktiv-planerische Denken dieser Zeit verrät. Ihre Form resultiert aus der Durchdringung von zwei rechtwinkligen Strebepfeilern zu einer neuen Gesamtform, vergleichbar der Situation an der Chorscheitelkapelle der Kathedrale von Reims.

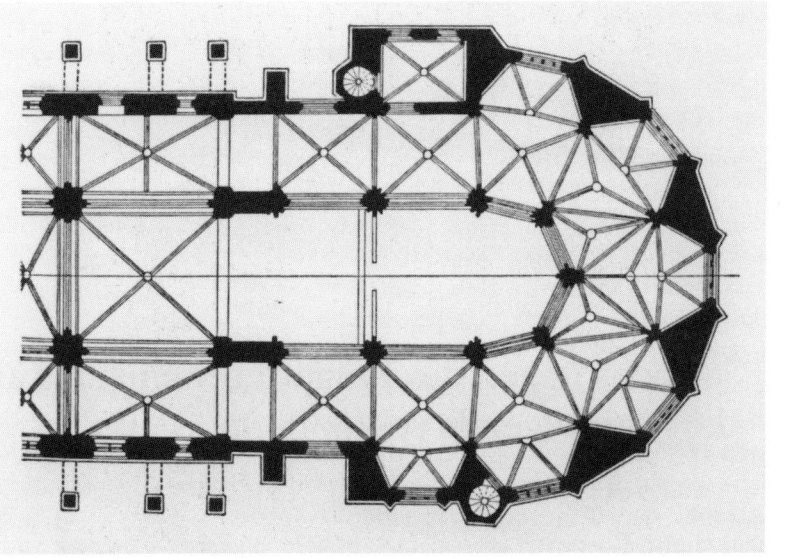

Abb. 76: Kolin, St. Bartholomäus, Grundriss

Doch sind in Kampen die Strebepfeiler nicht auf die Gewölbebögen ausgerichtet, sondern sie stoßen hier diagonal auf die Mauerecken der Kapellen, daher
ihre ungewöhnliche Form eines eingeklinkten Spornpfeilers. Eine Ausrichtung
der Strebepfeiler auf die Gewölbebögen hätte dagegen zu zwei schmalen
Spornpfeilern geführt, wie am Chor der Kathedrale Notre-Dame in Paris oder
am Kapellenkranz des Heiligkreuzmünsters in Schwäbisch-Gmünd. An der
Bartholomäuskirche in Kolin hingegen umstellen schmale Sporne in weiten
gleichen Abständen voneinander den Chor, so als würden breite Seitenmauern
der Radialkapellen mit nur einer kleinen Ecke das Chorrund durchstoßen.
   Errichtet wurde der Koliner Chor in den Jahren 1360 bis 1378 von Peter
Parler gleichzeitig neben seinem Hauptwerk, dem Prager Domchor. War Peter
Parler in Prag durch die Grundrissvorgabe des Matthias von Arras gebunden,
schuf er in Kolin etwas grundlegend Neues: die Aufhebung der radialen
Ordnung. In den großen Umgangschoranlagen entsprach die Brechung des
Binnenchores innen immer der Brechung des äußeren Polygons im Umgang.
Wie in der Kathedrale von Reims: 5/10 inneres Polygon, 5/10 äußeres Polygon,
dazwischen trapezförmige Umgangsjoche, die mit dem Gewölbeschub die
innere Ordnung radial nach außen tragen. Wir kennen auch die Verdopplung
der Seitenzahl durch Zwischenstützen bei besonders weiten Achsabständen,

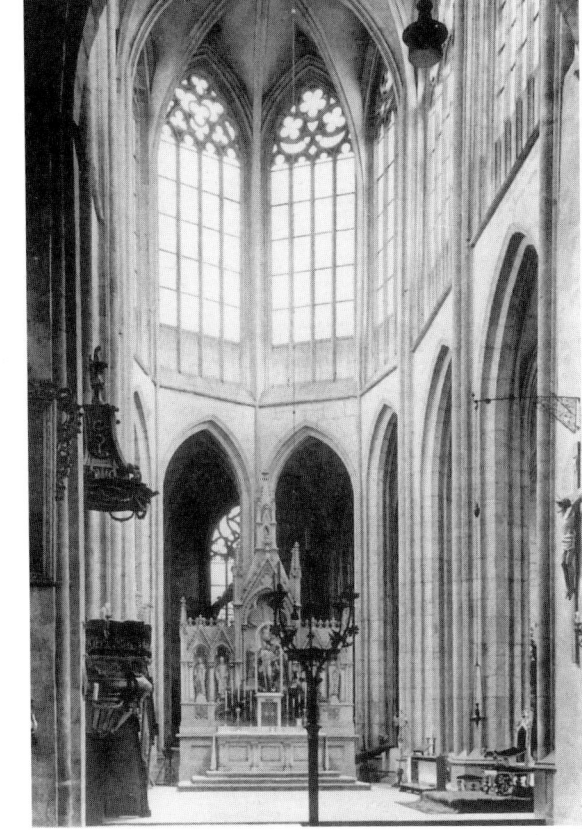

Abb. 77: Kolin, St. Bartholomäus, Chor nach Osten

aber immer bleibt der radiale Bezug bindend. Anders in Kolin: einem regelmäßigen äußeren Polygon über fünf Seiten eines regelmäßigen Zehnecks steht
im Inneren kein regelmäßiges Vieleck gegenüber. Die vier Seiten lassen sich
nicht zu einem regelmäßigen Vieleck ergänzen und sind überdies so ange-
ordnet, dass nun mitten in der Hauptachse des Chores ein Pfeiler steht, ein
sogenannter Chormittelpfeiler. Das Ergebnis ist eine kalkulierte Inszenierung
gesuchter Schwierigkeiten, wie es Peter Parler zur gleichen Zeit mit den neuen
Gewölben im Prager Domchor gelang.

   Noch der 130 Jahre später unter dem Architekten Benedikt Ried errichtete
Wladislawsaal des königlichen Palas auf der Prager Burg hat die Neuerungen
der Karolinischen Reichsarchitektur zur Voraussetzung.

Abb. 78: Prag, Wladislawsaal, Blick nach Osten

Abb. 79: Prag, Wladislawsaal, Grundriss

Abb. 80: Prag, Wladislawsaal, Wandpfeiler der Nordseite

Abb. 81: Prag, Veitsdom, hängender Schlussstein

Ried schuf hier im Obergeschoss des unter Karl IV. angelegten Palastes einen weiten Turnier- und Festsaal. Über eine Reiterstiege mit flachen Stufen gelangten Turnierreiter in voller Rüstung vom Burghof hinauf in den Saal, dessen Gewölbe eine Fläche von 62 x 16 m ohne jede Stütze überspannt. Die dünnen Rippen steigen ohne Kapitelle in unterschiedlichen Kämpferhöhen von den Wandpfeilern auf, die mehr in das Gewölbe hineingehängt erscheinen, als dass sie dieses stützen wollten. Zu dieser inszenierten Schwerelosigkeit tragen entscheidend auch die bewussten Verschneidungen der Rippen am Wandpfeiler bei; sie suggerieren, der Anschluss hätte nicht ganz gepasst. Den Höhepunkt bilden die Gewölbeformen selbst: im Zentrum der jochübergreifenden Figur stehen fünf große Schleifensterne unter einem kuppligen Wölbgrund. Durch

Abb. 82: Prag, Wladislawsaal, Portal zur Landrechts-
stube

die Kurvenform der Schleifensterne sind die Rippen hier also zweimal gebo-
gen, dies birgt für die Umsetzung die allergrößten Schwierigkeiten. Denn wie
konnte Benedikt Ried eigentlich die genaue Form der jeweiligen zweifach
gebogenen Rippenteilstücke vorausberechnen, damit es später beim Versatz
auch genau anschließt? Und auf welche Weise gewann er die bewussten Verschneidungen am Wandpfeiler? Die Fragen sind bis heute offen.

Allein dieses absichtsvolle Spiel mit der Tektonik schlägt einen Bogen
von dem schon von Matthias von Arras geplanten hängenden Schlussstein in
der Sakristei des Prager Domchores, bis hin zu dem um 1500 von Benedikt
Ried geschaffenen Portal des Wladislawsaales mit eingedrehten kannelierten
Pilastern.

VI Neue Perspektiven

Jenseits der Alpen entstand Anfang des 15. Jahrhunderts eine Architektur, die auf einer Rückbindung an die Architektur der Römer gründete; mit Architekten, die nicht vom Fach kamen, oft gelernte Goldschmiede waren, wie Filippo Brunelleschi. Er wurde 1377 als Sohn eines wohlhabenden Notars in Florenz geboren, lernte Goldschmied und Bildhauer und bewarb sich erfolglos um die Ausführung der neuen Bronzetüren des Florentiner Baptisteriums. Den Sieger dieses Wettbewerbs, den Goldschmied Lorenzo Ghiberti, bekam er schließlich bei seinem architektonischen Hauptwerk an die Seite gestellt: beim Bau der gewaltigen Kuppel des Florentiner Doms Santa Maria del Fiore.

Nicht weniger als die Lösung eines scheinbar unlösbaren Problems fand Brunelleschi mit seiner Kuppelkonstruktion. Worin bestand das Problem? 1294 beschlossen die Florentiner, ihren Dom durch einen Neubau zu ersetzen. Den Plan lieferte Arnolfo di Cambio (um 1240–1302). Er zeigt einen Trikonchos um einen oktogonalen Zentralraum mit anschließendem dreischiffigen Langhaus. Im Wettstreit mit den Bauten der konkurrierenden oberitalienischen Stadtstaaten Pisa, Lucca und Siena wurde dieser erste Plan 50 Jahre später durch Francesco Talenti (um 1300–1369) in seinen Abmessungen beträchtlich erweitert. Wir wissen nicht genau, wie Arnolfo das zentrale Oktogon überwölben wollte, wir wissen nur, dass er es wollte. Mit der Erweiterung Talentis vergrößerte sich dieses Oktogon auf eine Öffnung von 42 m! Diese neuen Dimensionen sprengten den Rahmen für die traditionelle Kuppelwölbung über Lehrgerüsten. Es fanden sich keine Balken, die lang und stark genug gewesen wären, um ein Lehrgerüst für eine Kuppel zu schaffen. Bei einer Verwendung der verfügbaren Hölzer wäre das Lehrgerüst bereits an seinem Eigengewicht zusammengebrochen. Als man dann 1410 von allen guten Geistern verlassen auch noch beschloss, über der Öffnung des Oktogons einen Tambour zu errichten, hatte man sich endgültig verrannt. Da man nirgends äußere Stützpfeiler anbringen konnte, blieb nur eine dünnwandige Ausführung. Für eine bekrönende Kuppel bedeutete dies, dass sie noch weniger Schubkräfte ausüben durfte als vor dem Bau dieses Tambours.

Abb. 83: Florenz, Straßenansicht mit Blick zum Dom

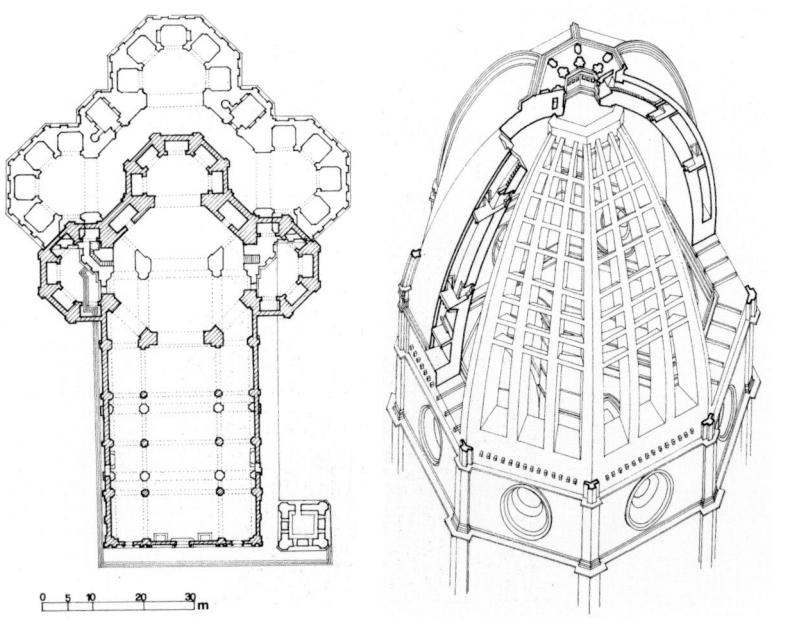

Abb. 84: Florenz, Grundriss und isometrischer Schnitt durch die Kuppel

Soweit das scheinbar unlösbare Problem. Wie groß in Florenz die Angst
vor der drohenden Blamage gewesen sein muss, lässt sich an der Überlegung
ermessen, man könne den ganzen Dom mit Erde auffüllen, gespickt mit Goldmünzen. Die angehäuften Erdmassen hätten die Funktion der Lehrgerüste
erfüllen und darin eingestreute Goldmünzen Kinder (!) zum Abtragen der
Erdmassen bewegen sollen.

Die Lösung dieses Problems muss Brunelleschi beim Studium des Pantheon
(118–225 n.Chr.) in Rom aufgegangen sein, als er erkannte, dass auch für diese
Kuppel die römischen Baumeister genau wie er keine Balken hinreichender
Größe hätten einsetzen können. Sie musste ohne Lehrgerüste errichtet worden
sein. Aber wie? Seine Untersuchung des Bauwerks ergab, dass die Kuppel
aus einzelnen konzentrischen Zementringen gegossen worden war. Kopieren
konnte er diese Bauweise nicht, weil sie für den gegebenen Unterbau des
Florentiner Doms zu schwer war. Brunelleschi verband aber die Aufmauerung
aus konzentrischen Kreisen (außen) mit dem traditionellen vertikalen Aufbau
über Rippen (innen) in einer zweischaligen Konstruktion. Jeweils eine Rippe
steigt über den Ecken des Polygons auf, zwei weitere in jedem Seitenabschnitt.

Abb. 85: Rom, Schnitt durch das Pantheon

Das ist das tragende Gerüst, das Skelett der Kuppel, über das sich eine zweite Schale spannt. Ebendies unterstreicht und erläutert Brunelleschi den *operai* in einer Denkschrift aus dem Jahre 1420: „ein Skelett über das die Haut der Kuppel gespannt würde".

Die Errichtung der von den Zeitgenossen so bestaunten Florentiner Kuppel beschäftigte Brunelleschi sein Leben lang. 1436 stand die Kuppel im Rohbau, ihre Fertigstellung mit der von ihm entworfenen Laterne erlebte er nicht mehr. Er starb 1446 in seiner Heimatstadt Florenz. „Wer könnte aus Härte und Neid den Architekten Pippo [Filippo] nicht rühmen", fragt rhetorisch Leon Battista Alberti (1404–1472), „beim Anblick eines derart großen Bauwerks, das zu den Himmeln hinaufsteigt […] und das ohne Gerüstbauten oder eine Menge von Balken errichtet wurde?" (Murray, 10)

Wenn Brunelleschi aber als Erneuerer der Baukunst gefeiert wird, sollte man auch immer bedenken, dass er in Wirklichkeit die Säulenordnungen nicht eigentlich zu unterscheiden wusste. Doch hatte er sich als Autodidakt über das Studium der antiken Bauten sehr weit in die Gesetzmäßigkeiten und Proportionen eingesehen. Deutlich wird dies an der Fassade des 1419

Abb. 86: Florenz, Santa Croce, Langhaus

Abb. 87: Florenz, Findelhaus, Blick auf Piazza SS. Annunziata

begonnenen Ospedale degli Innocenti in Florenz, des Findelhauses: Die weiten
Arkaden werden von Säulen mit rundem Schaft getragen, sie steigen nicht über
einem Sockel auf, sondern über einer Plinthe. Brunelleschi stellt die Säule wieder
ebenerdig und gibt ihr feste Proportionen. „Das Verhältnis der Architektur zum
Menschen hatte sich mit Brunelleschis Portikuskolonnade verändert, weil die
Säulen wieder auf gleichem Boden standen, wie der Mensch selbst" (Klotz 1990,
12). Das Neue daran wird deutlich im Vergleich mit den Langhauspfeilern der
Minoritenkirche Santa Croce, den ‚Normalpfeilern' im späten 14. Jahrhundert
in Florenz: Diese zeigen einen oktogonalen Schaft, keine festen Proportionen im
Verhältnis von Basis, Schaft und Kapitell und steigen über einem Sockel auf.
    Aufschlussreich für Brunelleschis Verhältnis zur Grammatik der römischen
Architektur ist der umbrechende Architrav an den Außenseiten des Findelhauses.
Es ist eine Uminterpretation des Bauplanes Brunelleschis, die in dessen Ab-
wesenheit von Francesco della Luna vorgenommen worden war. Er verstand
den Architrav als Rahmenmotiv, nicht aber tektonisch als horizontal lastendes

Abb. 88: Florenz, Findelhaus, Fassade und umbrechender Architrav

Abb. 89: Florenz, San Miniato al Monte, Fassade und umbrechender Architrav

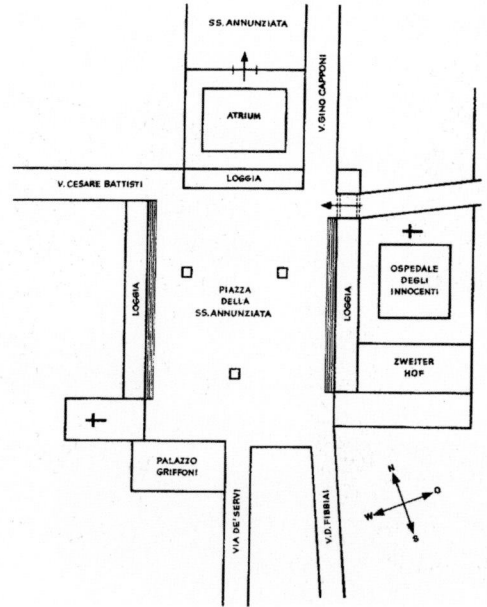

Abb. 90: Florenz, Piazza SS. Annunziata, Grundriss

Glied der Architektur. Giorgio Vasari (1511–1574) sollte später Brunelleschi die Worte in den Mund legen, Francesco della Luna habe den einzigen Fehler übernommen, den man überhaupt am Florentiner Baptisterium finden könne. Tatsächlich galten das mittelalterliche Baptisterium wie auch die Kirche San Miniato al Monte mit ihren umbrechenden Architraven den Zeitgenossen als römische Bauwerke.

Das Beispiel des Florentiner Baptisteriums steht auch im Zentrum der perspektivischen Studien Brunelleschis, deren Ergebnisse sein Biograph Manetti ausführlich würdigte: Mit dem Rücken zum Dom stehend richtete Brunelleschi sein Auge auf das Baptisterium, bohrte in Höhe des Augenpunktes ein Loch in die Tafel und perfektionierte nun, indem er abwechselnd einmal durch das Bild auf das Baptisterium und dann wieder über einen Spiegel zurück auf seine Darstellung des Baptisterium blickte, die Wiedergabe einer über Augenpunkt und Distanz genau festgelegten und damit auch berechenbaren Ansicht des Baptisteriums. Damit legte Brunelleschi den Grundstein für die wissenschaftliche Zentralperspektive. Sie vermochte einerseits in der Malerei zunächst alle Akteure im Bildraum punktgenau einzufrieren, andererseits konnte sie auch die

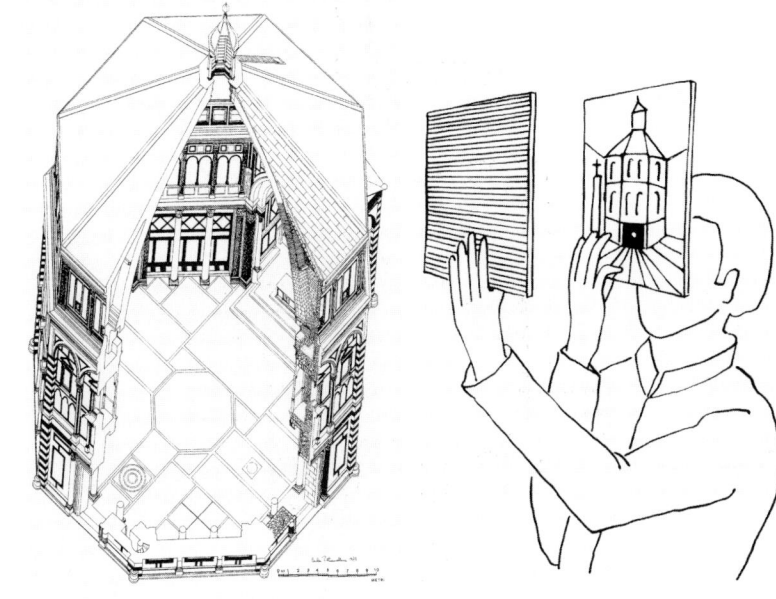

Abb. 91: Florenz, Baptisterium und Klappspiegeltafel Brunelleschis

Wirkung eines in großer Höhe angebrachten Bildwerkes auf einem Bauwerk noch vor seiner Errichtung exakt zur Anschauung bringen. Das theoretische Fundament dieser praktisch gewonnenen Erfindung sollte eine Generation später Leon Battista Alberti mit seinem Buch „Über die Malkunst" legen, das um 1435/36 erschien und das dieser Filippo Brunelleschi widmete.

Aufschlussreich ist der Vergleich zwischen der Architekturauffassung Filippo Brunelleschis und des Studenten des kanonischen Rechts in Padua, Leon Battista Alberti, den Jacob Burckhardt 1860 als den ersten „Allseitigen" beschrieb, der über die zahlreichen „Vielseitigen" seiner Zeit emporrage. Ich hatte eingangs die hohen weiten Arkaden über Säulen hervorgehoben, die Brunelleschis Werk durchziehen und seinem Verständnis der antiken Architektur entsprechen. Alberti hingegen ordnete dem Bogen den Pfeiler zu und dem Architrav die Säule. In seinem an Vitruv angelehnten zehnbändigen Werk „Über die Baukunst" (1452) führt er aus: „Bei Bogenstellungen müssen die Säulen viereckig sein. Denn bei runden wird die Ausführung lügenhaft sein, deshalb, weil die Enden des Bogens nicht vollständig auf dem Kern der Säule aufsitzen, sondern, um was die Fläche des Quadrates über den

Abb. 92: Florenz, Santo Spirito, Wandaufriss (oben) und Grundriss (rechte Seite)

eingeschriebenen Kreis hinausgeht, um das hängen sie in der Luft" (Alberti,
Ausgabe 1991, 396f.). Deutlich wird die unterschiedliche Interpretation in der
Gegenüberstellung der Bauten von Santo Spirito in Florenz und San Andrea
in Mantua. Santo Spirito, von Brunelleschi zwischen 1428 und 1434 geplant,
sucht mustergültig, den tradierten Grundrisstypus einer kreuzförmigen Basilika in einer regularisierten Disposition nach Maßgabe des quadratischen
Schematismus zu ordnen. Dies ging so weit, dass ursprünglich die im Takt
der Seitenschiffsjoche aneinander gereihten halbkreisförmigen Kapellen
auch den Westbau der Kirche umschließen sollten. Der Aufriss zeigt einen
zweizonigen Aufbau mit einer Bogenstellung über Säulen und einen axial
ausgerichteten Obergaden mit abschließender Flachdecke. In San Andrea in
Mantua dagegen ruhen die Arkaden auf Pfeilern und das Gebälk auf Pilastern.

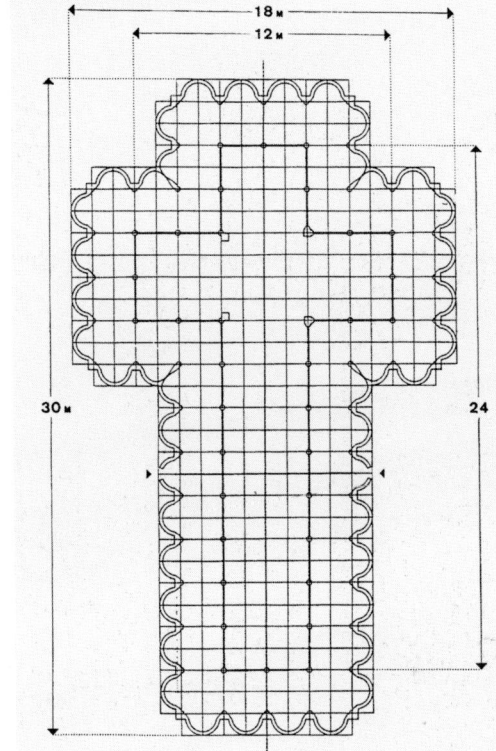

Alberti entwarf die Kirche um 1470 in Form eines lateinischen Kreuzes, ersetzte indes die Seitenschiffe durch eine rhythmisierte Folge von quergestellten Nebenkapellen, die nur vom Mittelschiff aus zugänglich sind. An die Stelle der dreischiffigen Basilika tritt hier somit ein großer tonnengewölbter Saalraum mit quergestellten Nebenräumen, die einmal hoch und breit, dann niedrig und schmal sind und deren Proportionen sich in den Vierungsbögen wiederholen. Die Säulenordnung wird aufgegeben und durch ein Stützsystem wie das der römischen Maxentiusbasilika ersetzt, das überhaupt erst in der Lage war, dieses gewaltige Tonnengewölbe zu tragen. Alberti schuf hier einen neuen Grundrisstypus, dessen Rezeption in Il Gesù in Rom, der Mutterkirche des 1534 von Ignatius von Loyola gegründeten Jesuitenordens, dann im ●6. Jahrhundert weithin neue Maßstäbe setzen sollte.

Abb. 93: Mantua, San Andrea, Langhaus

Abb. 94: Florenz, Palazzo Rucellai

Albertis Pilastergliederung am Palazzo Ruccelai sollte hingegen, zumindest in Florenz, keine Nachfolge finden. Auftraggeber war der angesehene Wollkaufmann Giovanni Ruccelai (1403–1481), der Alberti auch mit der Neugestaltung der Kirchenfassade von Santa Maria Novella beauftragte und ihn nun einen angemessenen Wohnsitz entwerfen ließ, in dem bis auf den heutigen Tag die Nachfahren Giovanni Ruccelais leben. Die Fassade gliedert Alberti in drei Zonen: einem hohen Erdgeschoss mit Portalzone und Mezzanin und darüber zwei Fenstergeschosse mit abschließendem Kranzgesims. Das Gebäude war ursprünglich auf fünf Achsen ausgelegt, wurde dann auf sieben Achsen erweitert. Diese folgen einer Superposition mit einer dem Kolosseum in Rom angelehnten Ordnung, d.h. unten eine freie Interpretation der dorischen Ordnung, darüber, ebenso frei, nachgebildete ionische Pilaster und schließlich korinthische im obersten Geschoss. Diese Pilasterordnung Albertis hebt sich von der geflächten Rustika, also keine Buckelquader, der zurückliegenden Mauerfläche ab, und im unteren Bereich der umlaufenden Sitzbank setzt er die römische Mauertechnik des *opus reticulatum* mit diagonalem Fugennetz ein. Die umlaufende Sitzbank, die sich hier und an anderen Finanzhäusern der Zeit entlang zog, gab übrigens den heutigen Kreditinstituten ihren Namen.

Entscheidend sind die Proportionen: so wiederholt der durch ein schmales Gebälk abgeschlossene rechteckige Teil der Fenster die Proportionen des durch zwei Pilaster gefassten Wandfeldes. Die Breite des seitlichen Wandstreifens bestimmt die Bogenstirn. Hervorgehoben wurden die Portalachsen, die etwas breiter sind. Dadurch verbreitert sich in den Fenstergeschossen der seitliche Wandstreifen und damit die Bogenstirn, dessen Scheitel dort leicht nach oben rückt und im ersten Fenstergeschoss, dem Piano Nobile, durch ein Wappen ausgezeichnet ist. „Es ist", so schreibt Alberti, „die Harmonie und die Übereinstimmung aller Teile, die dort erreicht wird, wo nichts verändert, nichts hinzugefügt oder weggelassen werden kann, ohne dass die Vollkommenheit des Ganzen vermindert wird" (Pevsner 1967, 197). Soweit Albertis Synthese von der Auslegung des Vitruv und seines ernüchternden Abgleichs mit den antiken Bauten in Rom, die diesem Ideal nicht entsprachen.

In Florenz hingegen sollte eine eigene lokale Tradition den Palastbau bestimmen. Hierfür steht der Palazzo Medici-Riccardi, der ab 1445 von Michelozzo di Bartolomeo (1396–1472) errichtet wurde. Michelozzo war Sohn eines Emigranten aus Burgund, lernte bei Lorenzo Ghiberti, arbeitete zusammen mit Donatello und erhielt von seinem Gönner Cosimo de Medici (1389–1464) den Auftrag für einen monumentalen Stadtpalast. Die dreizonige Fassade zeigt weder eine Säulen- noch eine Pilastergliederung. Derbe Rustika-Quader bestimmen das Erdgeschoss mit umlaufender Bank und ursprünglich offenen Arkaden, in die Michelangelo (1475–1564) später Rechteckfenster

Abb. 95: Florenz, Palazzo Medici-Riccardi

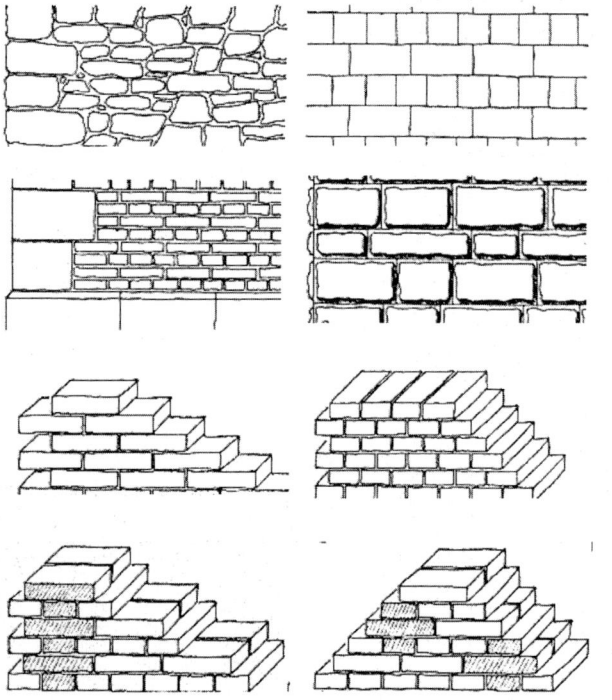

Abb. 96: Mauerwerk und Mauerverband

Bruchsteinmauerwerk
Quadermauerwerk
Backsteinmauerwerk mit Ortsteinen
Bossenmauerwerk
Läuferverband
Binderverband
Blockverband
Kreuzverband

über Voluten einschloss, die sogenannten knienden Fenster. Darüber das Piano
Nobile mit einer geflächten Rustika, dann das niedrigere zweite Fenstergeschoss
mit glatter Wand und weit auskragendem abschließendem Kranzgesims. Nach
oben hin nehmen also Rustizierung und Geschosshöhe ab und steigern damit
die Monumentalität des Palastes, von dem Papst Pius II. 1459 anlässlich seines
Florenzbesuches urteilte, dass er eines Königs würdig sei. Der Aufstieg der
Rustizierung zum leitenden Gestaltungsmittel geht in Florenz auf die lange Tradition der Rustikagliederung zurück. Diese Wandgliederung findet sich bei den

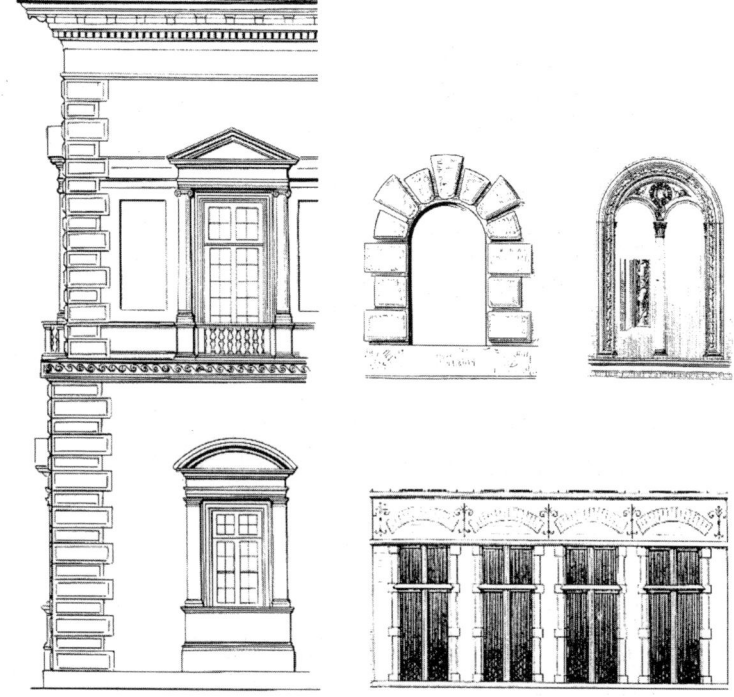

Abb. 97: Fensterformen

Kreuzstockfenster mit Dreiecksgiebel
Kreuzstockfenster mit Segmentbogengiebel
Rundbogenfenster
Zwillingsfenster mit Überfangbogen
Kreuzstockfenster

staufischen Bauten bis zum Palazzo della Signoria – dem Sitz der Regierung der Stadtrepublik Florenz –, die das Leitbild für die großen Stadtpaläste gaben.

Im Folgenden sei kurz auf die Terminologie von Mauerwerk und Mauerverband sowie auf die Nomenklatur der unterschiedlichen Fensterformen eingegangen. Beim Mauerwerk wird zwischen natürlichen und künstlichen Steinen geschieden, z.B. zwischen Werkstein und Backstein, nach der Verwendung oder Nichtverwendung eines Bindemittels, also Mörtelmauerwerk und Trockenmauerwerk und nach der Art der Bearbeitung, etwa unbearbeitete

Abb. 98: Rom, Palazzo Pandolfini, Raffael

Bruchsteine und Quadermauerwerk. Das Bossenmauerwerk zählt zum Quadermauerwerk. Allein seine Vorderseite bzw. Ansichtsfläche bleibt bewusst
nur roh behauen. Als Buckelquader mit Randschlag wird es kennzeichnend
für staufische Bauten.

Im Backsteinmauerwerk wird die Langseite des Backsteins Läufer genannt,
die Schmalseite Binder. Ein Mauerverband allein aus Läufern in allen Schich-
ten heißt Läuferverband, beim Binderverband treten dagegen die Backsteine
alle mit ihrer Schmalseite zur Mauerfront. Aus den zahlreichen bekannten
Backsteinverbänden stelle ich allein zwei einander ähnliche gegenüber: den
Blockverband und den Kreuzverband. Beide zeigen eine abwechselnde Folge

Abb. 99: Rom, Medici-Kapelle, Michelangelo

von Läufer- auf Binderschicht, aus beiden resultieren kreuzförmige Muster. Beim Blockverband liegen die Kreuze auf Achse, beim Kreuzverband dagegen diagonal versetzt, da hier die Stoßfugen der einzelnen Läuferschichten nicht übereinander liegen.

Die Fensterformen werden einmal benannt nach ihrer äußeren Einfassung, dann nach der Form der Fensteröffnung und schließlich nach der Unterteilung der Fensterlichte. Für die Einfassung stehen hier die beiden Kreuzstockfenster mit Dreiecksgiebel und mit Segmentbogengiebel, für die Fensteröffnung das Rundbogenfenster und für die Unterteilung das einfache Kreuzstockfenster mit waagerechtem (Kämpfer) und vertikalen (Pfosten) Stock.

PORTAM·PIAM·A·MICHAELIS·ANGELI
BONAROTI·EXEMPLARI·ACCVRATISSIM
DELINEATAM·ROMÆ·ꝏ·D·LXVIII

PIVS·III·PONT·MAX
PORTAM·PIAM
VIAM·PIAM
AEONTI·A·CLEMENTE·DVRET

Abb. 100: Rom, Porta Pia, Michelangelo

Auf die Grenzen der hier vorgestellten Fachterminologie für das 16. Jahrhun-
dert hat schon John Summerson in seinem wunderbaren Werk „The Classical
Language of Architecture" hingewiesen. Er verglich die Ädikulafenster des
Palazzo Pandolfini von Raffael mit den Blendfenstern Michelangelos für die
Medici-Kapelle in Florenz und konstatierte, dass eine jede Einzelform dieses
Fensters von Raffael mit dem Vokabular Vitruvs beschrieben werden könne,
die Fenster Michelangelos indes nicht: „its intensity of feeling defies tech-
nical description" (Summerson 1963, 60). Michelangelos architektonisches
Schaffen setzt neue Maßstäbe, die sich am wenigsten mit einem noch bei

Abb. 101: Florenz, Biblioteca Laurenziana, Michelangelo

Raffael nachvollziehbaren Aufbau einzelner Wandebenen erklären ließe. Die
Grammatik der architektonischen Formen folgt vielmehr der Bildhauerei und
führt zu Neuerungen wie dem Giebel im Giebel der Porta Pia in Rom oder
dem tektonisch sinnwidrigen Zurücktreten der Doppelsäulen in die Mauer
des Vestibüls der Biblioteca Laurenziana in Florenz.

Wie grundlegend neuartig Michelangelos architektonisches Werk war, wurde
von den Zeitgenossen sofort erkannt. Vasari, der in den fünfziger Jahren des
16. Jahrhunderts u.a. die berühmte Treppe nach Plänen Michelangelos in eben
diesem Vestibül vollendete, war mit den Intentionen Michelangelos bestens
vertraut. Er führt daher aus: „Michelangelo wollte die alte, von Filippo Brunelleschi erbaute Sakristei mit einer neuen Art von Ornamenten nachahmen
und brachte eine Verzierung in gemischter Ordnung an, die mannigfaltigste,
welche jemals von alten oder neuen Meistern angewendet werden konnte, denn
die schönen Gesimse, Kapitäle, Basen, Türen, Tabernakel und Grabmäler sind
völlig verschieden von dem, was die Menschen früher für Maß, Ordnung und
Regel geachtet hatten, nach allgemeinem Brauch, nach den Bestimmungen
Vitruvs und der Altertümer, dem er sich nicht anschließen mochte […]. Daher
sind ihm die Künstler zu dauerndem Dank verpflichtet, dass er die Bande und
Ketten brach, mit denen belastet alle stets auf der gewöhnlichen Straße fort-
gegangen waren. Noch besser zeigte er dies und lehrte seine Verfahrensweise
bei dem Bau der Bibliothek von San Lorenzo am selben Ort, bei der schönen
Einteilung der Fenster, der Anordnung der Decke und dem bewundernswür-
digen Eingang des Vorsaales […] und nie sah man eine bequemere Treppe,
die obendrein so seltsame Abstufungen hat und so sehr verschieden von der
gewöhnlichen Weise ist, dass jedermann erstaunte" (Vasari, 373f.).

Wenn Brunelleschi die Gesetzmäßigkeiten der antiken Baukunst erst zu
erfassen suchte, Raffael dann auf der Höhe der klassisch-antiken Tradition
stand, so erreichte Michelangelo im Urteil der Zeitgenossen nicht nur die
Kunst der Alten, er übertraf sie.

Ganz anders auf Affekt berechnet auch als bewusste Verstöße gegen die Gesetzmäßigkeiten der antiken Baukunst erscheinen im 16. Jahrhundert dagegen
die geschwungenen Triglyphen am Castello Farnese in Caprarola (1559–1573)
von Giacomo Barozzi da Vignola oder die stürzenden Triglyphen des Raffael-
Schülers Gulio Romano am Palazzo del Te in Mantua (1524–1534).

Vignola war 1536 nach Rom gereist, um genaue Aufmessungen der römischen
Tempel für eine geplante illustrierte Vitruvausgabe durchzuführen. Im selben
Jahr sollte Sebastiano Serlio nach dem Tod des Architekten Baldassare Peruzzi
dessen zeichnerische Dokumentation von antiken römischen Bauten fortführen.
Auf dieser Grundlage erschien schon ein Jahr darauf die Lehre von den fünf
Säulenordnungen, das vierte Buch eines zunächst auf fünf Bücher konzipierten

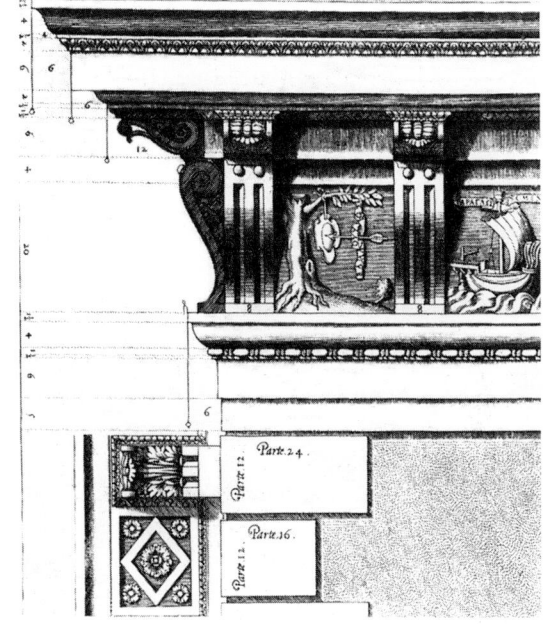

Abb. 102: Caprarola, Castello Farnese, Vignola

Abb. 103: Mantua, Palazzo del Te, Giulio Romano

Abb. 104: Rom, Palazzo Farnese, Innenhof (oben) und Fenster (rechte Seite)

Architekturtraktats. Hier werden erstmals die toskanische, die dorische, die ionische, die korinthische und die komposite Ordnung systematisiert ins Bild gesetzt, aber auch durch das starre Festhalten an einem ganzzahligen Proportionsverhältnis von Säulenhöhe zu unterem Säulendurchmesser in einer Weise kanonisiert, die der Antike wie noch dem 15. Jahrhundert fremd war.

Vignolas 1562 erschienenes Lehrbuch über die Regeln der fünf Ordnungen der Architektur geht dagegen von empirisch gewonnenen Proportionen aus, seine Angaben zur dorischen Ordnung etwa gewinnt er am Marcellus-Theater in Rom. Gleichzeitig tritt quantitativ der Text hinter die für sich selbst sprechenden Kupfertafeln zurück. Anders als das vierte Buch von Serlio zielt Vignolas Traktat auf die praktische Umsetzung der Säulenordnungen und geht deshalb nicht vom Modul, sondern vom Gesamtgrößenmaß des meist vorgegebenen Bauvolumens aus. Dann legt er für alle Ordnungen verbindlich fest,

dass jeweils das Gebälk ein Viertel der Säulenhöhe ausmacht, das Postament ein Drittel; die Höhenmaße von Postament, Säule und Gebälk verhalten sich somit wie 3:12:3 usw. Der durchschlagende Erfolg dieses Werkes gründete auf seiner Kompatibilität mit jedem bestehenden Maßsystem, was auch Architekten mit bescheideneren Gaben in die Lage versetzte, von einer gegebenen Gesamthöhe ausgehend, jedes Einzelmaß durch Multiplikation nach Maßgabe seiner in den „Regola"-Tafeln festgehaltenen Modul-Maßen zu ermitteln. Serlio hatte dagegen noch immer das Ermessen des jeweiligen Architekten hervorgehoben, denn die einzelnen Elemente, Proportionen und Symmetrien der Architektur, so Serlio, lassen sich wie die 24 Buchstaben unseres Alphabets zu ganz unterschiedlichen Texten und Sprachen zusammenfügen.

Vignola war, von König Franz I. von Frankreich berufen, in den Jahren 1541 bis 1543 in Fontainebleau tätig. In Rom wurde er durch die Farnese

Abb. 105: Rom, Palazzo Caprini (Haus Raffaels), Bramante

protegiert, einer Adelsfamilie, deren Aufstieg mit Allesandro Farnese begann,
der 1534 als Paul III. zum Papst gewählt wurde. Allesandro Farnese hatte
1510 Antonio da Sangallo den Jüngeren mit der Errichtung eines Stadtpalastes
beauftragt, dessen zum Tiber zugewandte Seite Vignola fertig stellen sollte.
Nach Sangallos Tod war das Projekt von Michelangelo in den Jahren 1546
bis 1549 grundlegend geändert und weitergeführt worden.

So zeigt die Hofseite des Palastes in den beiden unteren Stockwerken die
bekannte Verbindung von Pfeiler mit Halbsäule: die Bogenreihe wird von
den Pfeilern getragen, ihnen vorgeblendet tragen die Halbsäulen das gerade
Gebälk. Im Obergeschoss wird hingegen die Bogenreihe aufgegeben und das
abschließende Gebälk von zwei aufeinander liegenden Pilastern getragen. Ein
breiter Pilaster trägt das Gebälk, ein zweiter wird optisch über den Architrav
weitergeführt und stützt das ausladende Kranzgesims. Auch dies geht weit
über Vitruv hinaus.

Alle bisher vorgestellten Palastbauten hatten einen dreigeschossigen Wandaufriss. Eine ganz andere Lösung zeigt dagegen der Palazzo Caprini in Rom
von Donato Bramante (1444–1514), besser bekannt als das Haus Raffaels,
weil Raffael den Palast im Jahre 1517 kaufte. Wir kennen den Bau nur aus
Zeichnungen und Stichen, die bekannteste ist die Palladio zugeschriebene
Zeichnung aus dem Royal Institute of British Architects in London.

Abb. 106: Rom, Palazzo Caprini, Zeichnung von Palladio (?)

Die Grundidee ging von der antiken *insula* aus, einem Wohnblock mit Läden im Erdgeschoss. Der Bau besteht nur aus zwei Stockwerken: unten das hohe Rustikageschoss mit der axialsymmetrischen Anordnung der Läden, darüber das Piano Nobile mit gekuppelten Halbsäulen auf Podesten. Die Besonderheit dieses Entwurfs liegt darin, dass eine Abstimmung der Ordnungen in den einzelnen Stockwerken entfällt, dem rustizierten Erdgeschoss nur ein einziges Obergeschoss aus Quadermauerwerk mit Säulenordnung aufgesetzt wird. Peter Murray erkennt im Palazzo Caprini den bedeutendsten Palastentwurf

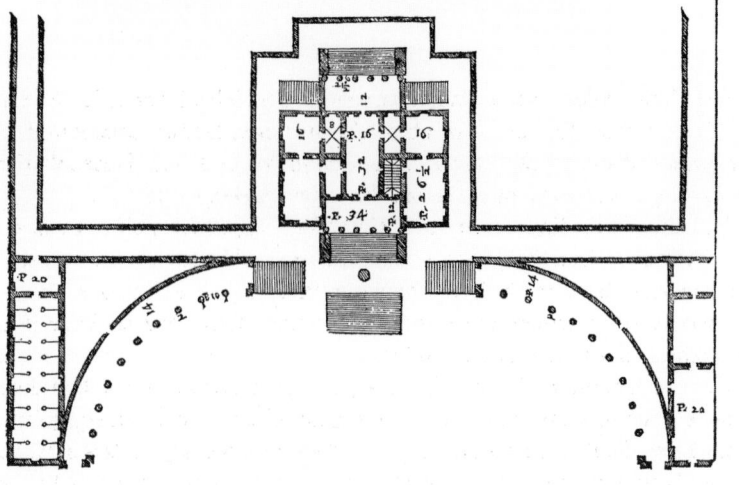

Abb. 107: Fratta Polesine im Veneto, Villa Badoer, Palladio, Fassade und Grundriss

Abb. 108: Rom, Fassade von St. Peter, Carlo Maderna

des 16. Jahrhunderts, seine Hauptelemente finden sich wieder in den Arbeiten Raffaels, Giulio Romanos, Michele Sanmichelis, Jacopo Sansovinos und – Andrea Palladios (1508–1580), dessen bauliches und literarisches Werk bis in die Gegenwart etwa über Oswald Matthias Ungers wirkt.

Palladios Villa Badoer, die die Würdeform einer Tempelfront mit dem geschlossenen Baukörper eines Landhauses im Veneto verbindet, ist nur ein Beispiel für seine Fähigkeit, einem Privathaus jene erhabene Größe und Harmonie zu verleihen, die seine überragende Wirkungsgeschichte in der europäischen Architektur begründet.

Ganz anders präsentieren sich die hypertrophen Dimensionen der Fassade von St. Peter in Rom, die Carlo Maderna mit seinen geschossübergreifenden kolossalen Säulen gestaltete. Die Kolossalordnung setzte Michelangelo erstmals beim Konservatorenpalast in Rom ein. Sie ist der griechischen und römischen Antike fremd, bei der ein jedes Stockwerk auch stets eine eigene

Abb. 109: Rom, Petersplatz, Bernini, Luftaufnahme (oben) und Grundriss (rechte Seite)

Ordnung erhielt. Bei Maderna sprengen die Dimensionen der kolossalen Säulen jegliches menschliche Maß, der Eintretende erfährt selbst die Säulenbasis noch in Untersicht. Auf diese Fassade ist die Umgestaltung des Vorplatzes von St. Peter unter Papst Alexander VII. (1655–1667) durch Gianlorenzo Bernini (1598–1680) ausgerichtet, der von zwei in Halbkreisen gefassten Regimentern von freistehenden dorischen Säulen gefasst wird, insgesamt 284.

Das Mittelalter kannte die Platzgestaltung als eigene Bauaufgabe nicht, der Platz blieb im Mittelalter immer nur der übrig gebliebene freie Raum zwischen den Gebäuden. Der Petersplatz besteht aus zwei Teilen: einem trapezförmigen Platz nach dem Vorbild des Kapitolsplatzes von Michelangelo, dessen Form

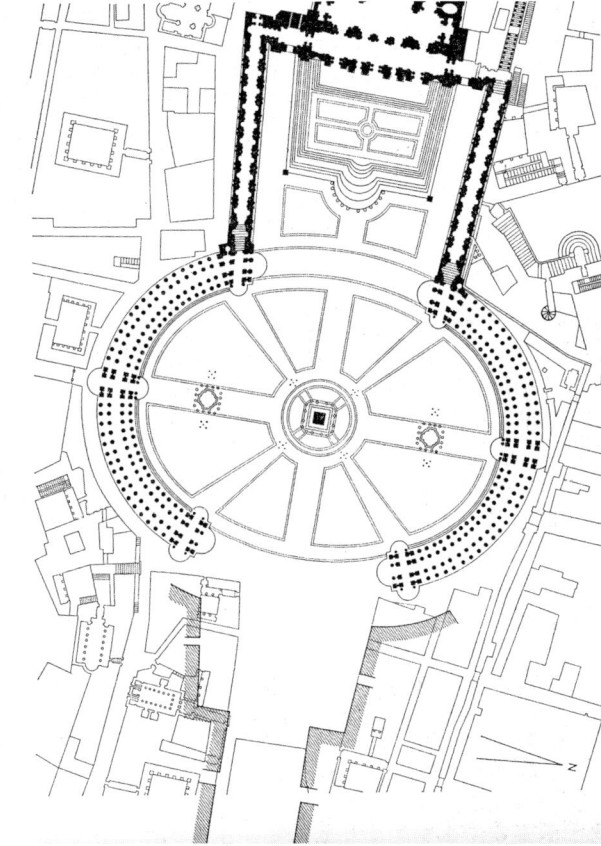

die Fassade von Maderna optisch in die Ferne rückt, und einem elliptischen
Platz, der auf zwei Seiten in vier Reihen von 15 m hohen Säulen eingefasst
wird. Bernini selbst verglich die Kolonnaden mit den mütterlich ausgebrei-
teten Armen der Kirche Petri, der Mutter aller Kirchen, die die Katholiken
aufnimmt, um sie in ihrem Glauben zu bestärken, die Irrgläubigen, um sie
der Kirche zuzuführen und die Ungläubigen, um sie im wahren Glauben zu
erleuchten. Der ursprünglich geplante dritte Arm genau auf der Achse wurde
aus Kostengründen nie ausgeführt, hätte aber die intendierte dramatische
Wirkung der Platzanlage erst zur Vollendung gebracht. Statt der breiten
durch Mussolini angelegten Straße, die von der Engelsburg direkt auf den

Abb. 110: Projekt Berninis für die Louvrekolonnade in Paris und ausgeführter Entwurf von Claude Perrault

Petersplatz führt, hätte sich der Petersplatz ganz anders von der kleinteiligen Bebauung des sogenannten Borgo Nuovo durch nur zwei kleine Durchlässe zwischen diesem dritten Arm und den beiden Flügelarmen mit einem Schlag in monumentaler Weite geöffnet. Bernini hat wie kein anderer Künstler das Stadtbild Roms geprägt und wurde von Zeitgenossen auch als Michelangelo seines Jahrhunderts gefeiert.

Die einzige große Reise, die Bernini in seinem Leben unternahm, führte ihn mit großem Staat 1665 nach Paris an den Hof des Sonnenkönigs Ludwig XIV., nachdem dessen Finanzminister Colbert ihn in einem Brief um Entwürfe für den Umbau des Louvre gebeten hatte. Mit großen Ehrungen dort empfangen, verärgerte Bernini in den folgenden sechs Monaten seines Aufenthaltes zunehmend seine französischen Gastgeber. So bemerkte er bei einem Ausflug über das sich bietende Panorama der Stadt Paris, dass es von dieser Höhe herab nichts weiter als ein Haufen Schornsteine sei. Es sehe aus wie Krempelkram. Da biete Rom doch ein anderes Bild. Berninis Entwurf

Abb. 111: Paris, Fassade der Oper, Charles Garnier

für den Umbau des Louvre wurde zwar angenommen, ausgeführt aber wurde
ein anderer Plan: Er stammte von einem Architekten, einem Maler und einem
Arzt – von Louis Le Vau, Charles Le Brun und Claude Perrault.

In seiner fünfteiligen Anordnung mit hervorgehobenen Mittelrisalit und
abgesetzten Seitenrisaliten über einem hohen Sockel gleicht diese ausgeführte
neue Ostfront des Louvre dem Entwurf Berninis – aber nur darin. Wie bei
Bramantes Haus für Raffael stehen hier die Säulen paarweise nebeneinander
und schaffen so die weiten Interkolumnien für die Fenster. Doch tritt beim
Louvre die Wand streckenweise zurück, so dass die Säulen nun frei wie bei
einer römischen Tempelkolonnade stehen. So frei, wie dies Marc Antoine
Laugier eingangs mit seinem Modell einer Urhütte vorgezeichnet hatte,
einem Modell von dem alle Herrlichkeit der Architektur, wie er sagte, ihren
Ausgang genommen habe. „Ersetzen Sie die gekuppelten Säulen der Louvre-
kolonnaden durch Pilaster, und Sie werden ihr die ganze Schönheit nehmen",
schreibt Laugier in seinem „Essai sur l'Architecture" aus dem Jahre 1753,
und weiter: „Vergleichen Sie die beiden Seiten dieses prachtvollen Portikus
mit den beiden vorspringenden Eckpavillons: was für ein Unterschied! Bis
hinunter zum Diener und Dienstmädchen fragt sich jeder, warum man denn
die Pavillons nicht wie den Rest gestaltet habe. Dieses Bedauern wird durch

den Sinn für das wahre Schöne hervorgerufen, ein Sinn, den jeder von Natur aus besitzt" (Laugier, Ausgabe 1989, 40f.). So auch Summerson in seinem euphorischen Urteil, wenn er die außergewöhnliche Vitalität dieser Ostfront hervorhebt und seinen Hörern 1963 erklärte, dass diese „an einem glänzenden, strahlenden Frühlingsmorgen aussieht wie das Neueste und Frischeste, das Sie je in Ihrem Leben gesehen haben" (Summerson 1983, 71).

In der großen Nachfolge der Architektur des Ostflügels des Pariser Louvre steht noch im 19. Jahrhundert etwa die Pariser Oper, die Charles Garnier 1860 bis 1875 im Auftrag Napoleons III. errichtete.

Wie die Louvrekolonnade zeigt sie über einem hohen Sockelgeschoss flache Eckrisalite und ein hohes Obergeschoss mit Doppelsäulen. Doch bindet Garnier die Säulen wieder an die Wand und gibt ihnen, von zeitgenössischen Autoren heftig kritisiert, kurze und stämmige Proportionen, die sich stetig nach oben verjüngen. Die im Obergeschoss eingeschaltete zweite Säulenstellung mit Gebälk dagegen weist auf den Konservatorenpalast von Michelangelo in Rom, die seitlichen Giebelfronten auf den Südwestflügel des quadratischen Innenhofes des Louvre von Pierre Lescot (1515–1578). Im Ergebnis ist die Oper ein eklektizistischer Bau, der Versatzstücke unterschiedlicher architektonischer Systeme neu zusammenzustellen sucht, aber keine eigene neue Sprache mehr hervorbringt.

VII Skyscraper und Hochhäuser

„Als die Gebäude größer wurden", so erinnerte sich Frank Lloyd Wright einmal, „da waren die Architekten verwirrt, denn sie wussten nicht, wie sie sie ‚groß' machen sollten" (Zuckowsky, 74). Tatsächlich war mit den neuen hochaufragenden Büro- und Geschäftsbauten ein Gebäudetyp gegeben, für den die Entwurfstradition und die Architekturtheorie der Vergangenheit keinerlei Muster bereitstellte. Die Suche nach einer gestalterischen Lösung für diesen neuen Gebäudetyp führte den Architekten Louis H. Sullivan zu der Kernfrage, was denn die spezifische Eigenheit des Skyscrapers sei. Seine Antwort lautete: „lofty", (hoch)aufragend. Die Aufgabe des Architekten sei es, dieser spezifischen Besonderheit in der Gestaltung Rechnung zu tragen. Er geht weniger davon aus, wie hoch ein Bauwerk in Fuß und Zoll tatsächlich ist, sondern, wie hoch es uns erscheint, indem es eine stolz nach oben strebende Einheit bildet.

Ein Blick auf das Erste Leiter Building aus dem Jahre 1879 von William Le Baron Jenney in Chicago verdeutlicht das Problem des anfänglichen nüchternen Übereinanderstapelns gleicher Geschosse.

Mit Wrights Worten: "They put one 2 or 3 story building on top of another until they had enough." Das kann beim Ersten Leiter Building sogar wörtlich verstanden werden, denn dort wurden die oberen beiden Geschosse nachträglich, nämlich neun Jahre später, aufgesetzt. Eine Lösung dieses Problems erkannte Sullivan dann in seinem Entwurf für das Wainwright Building in St. Louis aus dem Jahre 1882.

Wright, der in dieser Zeit im Büro von Sullivan und dem deutschen Dankmar Adler arbeitete, erzählt, wie sein „Meister", so nannte er ihn liebevoll, einmal hereinkam, ihm irgendwas auf den Tisch warf – es war eine grobe Skizze für eben dieses Wainwright Building – und sagte: „Wright, this is tall". Man erkennt, was Sullivan meinte: das gesamte Bauwerk entwickelt sich in einem einzigen durchgehenden Zug nach oben, ein rosaroter Sandsteinsockel dient als Postament, von dem die schlank gereckten Backsteinpilaster aufsteigen. Dieser vertikale Schwung wird durch das Zurücktreten der Fensterbrüstungen betont und nach oben hin durch ein hohes Kranzgesims aufgefangen. Sullivan hat nicht mehr, wie Wright sagt, ein Haus auf das andere gesetzt und in

Abb. 112: Chicago, Erstes Leiter Building, 1879 und 1888

Abb. 113: St. Louis, Wainwright Building, 1892

Abb. 114: Buffalo, Guaranty Building, 1894–96

immer neuen Ansätzen Höhe erzwungen, sondern er hat die insgesamt zehn Stockwerke in einem völlig einheitlichen Aufrisssystem zusammengefasst.

Nur folgerichtig mag es nun erscheinen, dass Sullivan dann 1896 beim Guaranty Building in Buffalo, gleich ganz auf die Pilasterordnung verzichtete und sein eigenes Dekorum an die Stelle der klassischen Ordnung setzte. Diese Dreiteilung von Sockel, Anzahl von X Geschossen und markanten oberen Abschluss, konnte nun durch die Aufhebung der klassischen Proportionen für ein Gebäude mit zehn Geschossen genauso wie für eines mit 15 oder 20 oder 30 zugrunde liegen.

Eine grundsätzlichere Frage ist die, ob wir bei diesen beiden Bauten überhaupt schon von Hochhäusern, Wolkenkratzern oder gar Skyscrapern reden können. Gerade das Wainwright Building mit seiner Kubusform erscheint uns heute doch vielleicht nicht ganz so lofty. Anfangs wurden in Amerika allgemein zehngeschossige Bauten als Hochhäuser angesehen. Als dann die Pläne für vierzehn- und fünfzehngeschossige Gebäude bekannt wurden, fiel erstmals die Bezeichnung „skyscraper". Deutlich niedriger als „to scrape the sky" ist die deutsche Übertragung Wolkenkratzer, „to scrape the clouds". Sie ist in Amerika schon für das Jahr 1880 verbürgt. In diesem Jahr fertigte L. S. Buffington, ein von Viollet-le-Duc inspirierter junger Architekt aus Minneapolis, Skizzen von Hochhäusern an, die er als „cloud-scrapers" bezeichnete. Eine äußerst umfangreiche kunsthistorische Literatur beschäftigt sich bis heute mit der begrifflichen Abgrenzung von anderen Bautypen und natürlich mit der Frage nach dem ersten Gebäude dieser Art.

Die beiden Favoriten sind das Home Life Insurance Building in Chicago, errichtet 1885 von William Le Baron Jenney, und das Equitable Life Assurance Company Building in New York, errichtet in den Jahren 1868 bis 1870 von George Post. Auch diese beiden erscheinen auf den ersten Blick alles andere als lofty. Im Chicagoer Bau war es das Kriterium des Stahlskelettbaus: Das grundsätzlich Neue dieser Konstruktion bestand darin, dass das Prinzip von Stütze und Last zugunsten eines Rahmens aufgegeben wurde, der die Fassade von der tragenden Konstruktion unabhängig machte. Man hat das traditionelle Mauerwerkgebäude mit einem Schalenhaus verglichen, während der Stahlskelettbau an ein Knochenhaus oder Strebewerk gemahnt, an das die Fassade wie ein frei hängender Vorhang, dem sogenannten curtain wall, angebracht ist. Dies führte zu einer bis dahin unvorstellbaren Flexibilität beim Bauen und bei der Grundrissplanung. Die drückende Schwerkraft des Mauerwerks war nun überwunden. Es galt: der wahre Skyscraper müsse ein tragendes Stahlskelett besitzen.

So wie der Architekturhistoriker Eddy Tallmadge mit der religiösen Leidenschaft des Hl. Thomas, beim Abriss des Home Life Insurance Building 1931

Abb. 115: Chicago, Home Life Insurance Building, 1884

Abb. 116: New York, Equitable Life Assurance Company, 1868–70

Abb. 117 Eddy Tallmedge, Abriss des Home Life Insurance Building, 1931

seinen Finger auf das Stahlskelett legt, das zuvor durch die Ziegel der Sicht
entzogen war, um uns zu bedeuten, dass dies der wahre erste Skyscraper sei.
Heute wissen wir, dass das Stahlskelett hier nur zusätzliche Stütze, aber eben
nicht das tragende Element dieses Gebäudes bildete.

Auch das Equitable Building in New York wird als der erste Wolkenkratzer
gehandelt, diesmal, weil es das erste Bürogebäude mit einem Fahrstuhl war.
Es wurde 1867 von Arthur Gilman und Edward Kendall entworfen und von
George Post 1870 fertiggestellt. Dieses Gebäude markiert den Beginn des

Baubooms, der in den Vereinigten Staaten mit dem Ende des Bürgerkriegs einsetzte. Obwohl es nur fünf Stockwerke umfasste, betrug seine Gesamthöhe 40 m. Es war damit mehr als doppelt so hoch wie irgendein vergleichbares Bauwerk. Dies war das Ergebnis der Entscheidung Henry Hydes, des Vizepräsidenten von Equitable, die Anwendungsmöglichkeiten des Fahrstuhls auszuforschen und die Deckenhöhe in jedem Stockwerk, im Vergleich zu herkömmlich, nur mit Treppen ausgestatteten Häusern, beinahe zu verdoppeln, auf je 8 m.

Der Fahrstuhl war 1853 erfunden worden, von Elisha Otis. Er wurde hydraulisch angetrieben. Aber nicht der Antrieb war die Sensation, sondern die Sicherung durch verdeckte seitliche Zahnleisten, in die der Fahrstuhl im Notfall einrastet. Spektakulär war die Präsentation des Fahrstuhls auf der Weltausstellung in Manhattans Chrystal Palace. Elisha Otis stieg auf die Plattform und gab seinen Helfern ein Zeichen. Diese setzten den Aufzug in Gang und transportierten seinen Erfinder in die Höhe. Oben angekommen ließ Otis sich von einem Diener einen geschwungenen Dolch auf einem roten Samtkissen reichen und durchtrennte dann in einer dramatischen Geste das Seil, an dem die Plattform hing. Ein Schrei geht durchs Publikum, aber es passiert nichts, die Sicherheitssperren halten die Plattform. Dann wandte er sich ans Publikum mit den Worten: "All safe Gentleman" (Schmidt, 85).

Der Fahrstuhl war sicher eine entscheidende Voraussetzung für die rasche Höhensteigerung der Bauten, denn nun konnte für alle Geschosse der gleiche Quadratmeterpreis erhoben werden, gleichgültig ob im zweiten oder im zwanzigsten Stockwerk. Allein mit Treppen ausgestattet, sinkt dagegen der Quadratmeterpreis mit steigender Geschosszahl. Und nicht von ungefähr lag vor der Erfindung des Fahrstuhls, das vornehmste Stockwerk, die Belle Etage, im ersten Stock und die Dienstboten wohnten hoch unterm Dach. Solange die oberen Geschosse nur mit Muskelkraft zu erreichen waren, blieb die Chefetage unten, und das Personal zog hinauf. Erst der Fahrstuhl katapultierte die Chefetage ganz nach oben.

Festzuhalten bleibt, dass beide Bauten, jenes von Jenney in Chicago und das von Post in New York, nicht jenes Kriterium erfüllten, das wir heute noch so charakteristisch für einen Skyscraper ansehen, und das Sullivan „lofty" nannte. Die Architekten mochten das vielleicht anders sehen. So verglich Jenney sein Home Life Insurrance Building in Chicago doch tatsächlich mit dem Turm zu Babel. Ein Vergleich, der uns heute nachgerade absurd erscheinen muss. Die Vergleiche mit Bauwerken aus der Alten Welt dienten aber auch zugleich immer der Bewertung des Skyscrapers, der positiven wie negativen. Denn mehr als alle anderen Konstruktionstypen der modernen Architektur hat der Wolkenkratzer in seiner gut einhundertjährigen Geschichte immer wieder enthusiastisches Erstaunen, aber auch heftige Ablehnung hervorgerufen. Den einen gilt er als triumphales Symbol urbaner Größe, als eine einmalige Verschwisterung von Technik und Ästhetik, und die anderen verdammten ihn als lebensfeindliche Ausgeburt eines ausschließlich ökonomisch motivierten Imponiergehabes.

Zu den populärsten Irrtümern hinsichtlich des frühen American Skyscraper gehört die Vorstellung, er sei aus Platzmangel entstanden: um also einen steigenden Bedarf an Bürofläche bei begrenzter Grundfläche zu decken, habe man in die Höhe bauen müssen. Das Beispiel Chicago aber zeigt, dass dem nicht so war. Der Stadt an der Südwestseite des Michigansees fehlt landeinwärts jegliche Begrenzung. Im Gegensatz zu den europäischen Städten gab es nahezu keine altstädtische Struktur mit ihren festen Institutionen. Es war praktisch immer noch Neuland, war es umso mehr als mit dem großen Feuer von 1871 nahezu eine Situation des völligen Neubeginns geschaffen war.

Zeitgenössischen Berichten zufolge waren etwa 2000 Morgen Land betroffen, 18.000 Gebäude waren zerstört und 90.000 Menschen obdachlos. Es wurde zur neuen Geburtsstunde Chicagos, die eine Aufbruchstimmung wie zur Pionierzeit auslöste. Wie Phoenix aus der Asche, so entsteht das neue Chicago. Genau dies zeigt die Darstellung „Chicago will rise again" aus dem Werk „The History of the Great Fires" von Referend E. J. Goodspeed, in dem er auf 676 Seiten das Chicagoer Feuer mit allen großen Feuern in der Vergangenheit vergleicht. Es erschien in Rekordzeit, nur drei Monate nach dem großen Feuer.

Das ganze Stadtgebiet war in Rechtecke parzelliert worden, und jede Parzelle war frei von traditionsgebundenen Belastungen wie in der Alten Welt, wie etwa aus dem Mittelalter verbliebene Erbpachtrechte oder nachwirkenden institutionellen Bodenprivilegien, wie denen der Kirche. Jedes Stück Boden wurde ein Stück Handelsware und wurde wie nie zuvor komplett bebaut. Die Auftraggeber wollten ihre Parzelle optimal bis zur äußersten Grundstücksgrenze nutzen, und auch in der Höhe. Ton van Leeuwen erklärte dies seinen Studenten in Leiden einmal so: Ein Spekulant kauft neun zusammenhängende Parzellen, errichtet auf der mittleren ein Hochhaus, dadurch steigt der Grundstückspreis der angrenzenden Grundstücke, und das ist der Profit des Spekulanten.

Bodenspekulation ist eine der entscheidenden Triebfedern des frühen American Skyscraper. Und aus der geforderten optimalen Beanspruchung des Grundstücks folgt unabhängig von der Bauaufgabe, ob Rathaus, Börse, Gericht oder Theater, die Gestaltungsvorgabe des rechteckigen Kastens, des Containers, der sich ergibt, wenn das Grundstück gleichsam randvoll bebaut wird. Dies verwandelt bei zunehmender Höhenentwicklung die Straßen zu dunklen Fluchten. In New York führte dies 1916 zum Zonierungsgesetz, das

Abb. 118 Dresden, Zigarettenfabrik Yenidze, 1908–09

festlegte, dass das Gebäude nur in den ersten zwölf Geschossen das Grundstück einnehmen und dann in sogenannten Zonen – setbacks – terassenförmig
zurückspringen musste. Ausgangspunkt war in New York die Fertigstellung
des 40-geschossigen Equitable Life Building von Ernest Graham. Da es sich
in gerader Linie ohne jeglichen Rücksprung nach oben erhob, warf es extrem
lange Schatten und verdunkelte ganze Straßenzüge. Für die Nachbarn war
es ein Schock, da aufgrund der verschlechterten Arbeitsbedingungen die
Miet- und Grundstückspreise drastisch fielen. Die überfällige Reaktion des
Zonierungsgesetzes erfolgte schließlich nicht so sehr aus Sorge um das Wohl-

Abb. 119 Jena, Hochhaus der Zeiss AG, 1915

ergehen der Bürger, die nach einer lebenswerten Stadt verlangten, sondern um
die potenzielle Wertminderung aller Gebäude zu stoppen. Frühere Versuche
in dieser Richtung waren im liberalen New York als absurde Zumutung
zurückgewiesen worden, da sie die Freiheit des Bauens und die Rechte des
Individuums einschränken würden.

Als man in Europa begann, den Bau von Hochhäusern zu erwägen, waren
die Voraussetzungen mit den Ursachen der amerikanischen Entwicklung nicht
zu vergleichen. In Deutschland war die Beschäftigung mit dem Hochhaus-
gedanken Ausdruck der Zuspitzung einer Krise der Stadt als Lebens- und

Kommunikationsraum, Folge eines planlosen Wachstums der Städte im Zuge der Industrialisierung. So hatte Camillo Sitte die uniformen Stadterweiterungen mit ihren einheitlichen Mietskasernen für die Monotonie der Städte verantwortlich gemacht. Platzanlagen mit monumentalen Architekturen sollten neue optische Reize in das Stadtbild einfügen. Eine Art Kultivierung des Skyscrapers, dessen übertriebene Größe und enge Zusammenballung auf starke Ablehnung stieß. Auch waren bis 1925 die Bauten im Zentrum Berlins auf die Höhe von 22 m begrenzt, bei maximal fünf Geschossen. Ähnliche Vorschriften galten in den anderen Städten Preußens und in den meisten deutschen Ländern. Und da alle Aufmerksamkeit der Öffentlichkeit auf die Metropole Berlin konzentriert war, entstanden fast unbemerkt in Sachsen und Thüringen – deren Baugesetzgebungen beträchtliche Erleichterungen gegenüber den preußischen Bestimmungen beinhalteten – die ersten Hochhäuser in Deutschland. Es sind nach Rainer Stommer zwei Fabrikbauten: 1908/09 die Zigarettenfabrik Yenidze in Dresden, im Stil einer maurischen Moschee mit einem zehngeschossigen Mittelbau errichtet, und 1915 der zehngeschossige Fabrikbau der Zeiss-Werke in Jena, deren Errichtung mit der Ausweitung der kriegsorientierten Produktion der optischen Industrie zusammenhing.

Alte und Neue Welt stießen 1922 aufeinander, als die renommierte Zeitung „Chicago Tribune" den ersten internationalen Wettbewerb für einen Wolkenkratzer ausschrieb und insgesamt 100.000 Dollar an Preisgeldern aussetzte. Jeder Teilnehmer erhielt ein Foto des betreffenden Baugrundstücks zugeschickt und ein Auszug aus der geltenden Bauordnung; die Aufgabe lautete: „to erect the most beautiful and exciting office building of the world", also das schönste und charakteristischste bzw. aufregendste Bürogebäude der Welt. Die Ausschreibung war international, so dass von den insgesamt 263 Perspektivzeichnungen nur 145 aus den USA stammten.

Ein ausgezeichneter, aber nicht gefeierter Wettbewerbsbeitrag stammt von Walter Gropius. Er nimmt Elemente der frühen Chicagoer Schule wie das breite dreigeteilte querrechteckige Fenster auf und bezieht überzeugend das alte bestehende Gebäude der „Tribune" an ihrer Rückseite mit ein. So bindet Gropius die Geschosshöhen unten an jene des Altbaus und setzt erst darüber niedrigere Geschosse an. Die Baugruppe ist in der Höhe mehrfach abgestuft und durch paarweise angeordnete auskragende Betonplatten rhythmisiert.

Gefeiert aber wurden die beiden amerikanischen Architekten Hood und Howell, die ihrem Bürogebäude eine Krone verpassten, die dem spätmittelalterlichen Butterturm der Kathedrale von Rouen nachgebildet ist. Alle Wettbewerbseingänge gingen anschließend auf große Ausstellungstour durch Amerika, um die Überlegenheit der amerikanischen Architekten über die Europäer zu demonstrieren.

Abb. 120 Walter Gropius, Entwurf für den Chicago Tribune
Tower, 1922

Abb. 121 Chicago Tribune Tower, 1922–25

Abb. 122 Eliel Saarinen, Entwurf für den Chicago Tribune Tower,
1922

Abb. 123 Berlin, Hochhaus für den Daimler-
Benz-Konzern, Hans Kollhoff, 1994–98

Der einzige Beitrag, dem es gelang, die Kluft zwischen der Alten und
der Neuen Welt zu überbrücken, war der des finnischen Architekten Eliel
Saarinnen.

Es hieß, keiner der amerikanischen Landsleute habe sich so sehr in den
Geist Amerikas eingefühlt wie er. Mit seinen geschickt vermittelnden tele-
skopartigen Rücksprüngen, hierin durchaus vergleichbar den mittelalterlichen
Kathedraltürmen mit ihrer Überleitung von quadratischer Grundfläche zu einer
achtseitigen für den Turmhelm, ist er vor allem eines: lofty. Sullivan lobte
diesen Entwurf in den höchsten Tönen und sprach sogar von „logic of a new

order". Einer neuen Ordnung, wie sie in den dreißiger Jahren in New York mit dem Empire State Building oder dem R.C.A. Building ihren markantesten Ausdruck fand.

Und in jüngster Zeit am Potsdamer Platz in Berlin entstanden ist (Abb. 12). Der Architekt Hans Kollhoff gestaltete das 24-geschossige Bürohochhaus des Daimler-Benz-Komplexes. Aufwendig wird das Gebäudevolumen über mehrere Rücksprünge nach oben geführt und durch eine nach oben gestaffelte Zunahme der Lisenen nimmt dieser Höhenzug deutlich zu. In den unteren Geschossen lagert der Bau, es dominieren die horizontalen Bänder. Darüber werden die Fensterteilungen durch Lisenen aufgenommen und in den oberen Geschossen dann wird diese Lisenenfolge noch einmal verdoppelt. Oben erhält der Bau eine markante Krone mit abgesetzten vergoldeten Streben. Man mag über den Bau streiten, über seine Monumentalität, über den völligen Bruch mit der Bautradition Berlins, aber er ist signifikant vor allem eins: er ist sehr amerikanisch, sehr lofty.

Architektur im Internet

Das neue Medium Internet hat zuerst durch sein großes Potential interaktiver Innenraumdarstellungen Aufmerksamkeit auf sich gezogen, virtuelle Rundgänge machten Staunen, vergleichbar den Reaktionen der Zeitgenossen vor den Perspektivtafeln Brunelleschis. Die geringe Halbwertszeit von relevanten Internetadressen verbietet hier ein Adressendropping im Medium des Buches. Eine regelmäßig aktualisierte Zusammenstellung elektronischer Volltexte und Datenbanken zur Architektur gibt etwa das Sondersammelgebiet Kunstgeschichte der Ruprecht-Karls-Universität Heidelberg. Elementare Techniken der Literatur- und Bildersuche im Netz vermittelt dem Anfänger die virtuelle Fachbibliothek Kunstgeschichte unter www.arthistoricum.net/tutorials.

Auf zwei Bilddatenbanken greife ich für meine Lehrveranstaltungen gerne zurück: auf das Bildarchiv Foto Marburg, www.fotomarburg.de, dessen Benutzeroberfläche aber gerade wieder geändert wurde, und auf das digitale Bildarchiv für die Kunst- und Kulturwissenschaften www.prometheus-bildarchiv.de. Prometheus versteht sich als eine „gemeinnützige Organisation aus der Forschung für Forschung und Lehre" und kostet Geld. Ebenso wie die meisten e-learning Programme. Vor Jahren lotete die von der „Schule des Sehens" finanzierte und von Ulrich Fürst aufgebaute „Einführung in die Architektur der Renaissance und des Barock" Möglichkeiten und Grenzen des neuen Mediums für die kunsthistorische Praxis erfolgreich aus: www. schule-des-sehens.de. Mit den neuen modularisierten Studiengängen ist an den Universitäten die Nachfrage nach entsprechenden netzbasierten Lehrveranstaltungen deutlich gestiegen.

Einen Schwerpunkt im 20. Jahrhunderts hat die Internationale Architektur Datenbank archINFORM, http://deu.archinform.net, mit über 18.000 Gebäuden und Planungen die weltweit größte Online-Datenbank für Architektur. Einen themengebundenen Diskurs mit der Möglichkeit der Kommentierung und Diskussion bietet die im Internet herausgegebene Architekturzeitschrift „Wolkenkuckucksheim". Sie erscheint seit 1997 mit zwei Ausgaben pro Jahr in deutscher, englischer und in russischer Sprache und widmet sich immer einem bestimmten Thema, wie etwa der Interpretation von Architektur und der Theorie des Interpretierens: www-1.tu-cottbus.de/Wolke/wolke_neu/Start. html.

Mehrsprachiges Glossar

Apsis, Sanktuarium, Nische
engl.: apse, sanctuary, niche
franz.: abside, sanctuaire, niche
Die Apsis ist ein halbkreisförmiger Raum mit Halbkuppel, die anders als die Nische keine Maueraussparung bleibt, sondern mit ihrem Halbkreis am Außenbau hervortritt. Das Sanktuarium ist der Raum mit dem Heiligtum, in christlichen Kirchen der Chor mit dem Hochaltar.

Basilika, Halle, Saalkirche
engl.: basilica, hall church, hall
franz.: basilique, église-halle, salle
Der Querschnitt der Basilika zeigt einen mehrschiffigen Raum mit einer Staffelung von niedrigen Seitenschiffen und einem hohen Mittelschiff mit eigenen Fenstern, die Hallenkirche hat dagegen gleichhohe Schiffe, die Saalkirche keine den Raum unterteilenden Stützen.

Arkatur, Kolonnade, Interkolumnium
engl.: arcade, colonnade, intercolonation
franz.: arcade, colonnade, entrecolonnement
Eine Stützenreihe mit aufliegenden Bögen ist die Arkatur, die Folge von Säulen mit aufliegendem Architrav die Kolonnade und der Säulenabstand von Säulenachse zu Säulenachse gemessen ist das Interkolomnium.

Basis, Sockel, Plinthe
engl.: base, pedestal, plinth
franz.: base, socle, plinthe
Die Basis ist der ausladende Teil einer Säule oder eines Pfeilers und steht auf der quadratischen Fußplatte, der Plinthe. Der Sockel wird der Unterbau einer Stütze genannt.

Rundstab, Viertelstab, Birnstab
engl.: baston, quarterround, ogee moulding
franz.: tore, quart de rond, tore en amande
Querschnittsprofile von Wandvorlagen oder Gewölbebögen.

Chorumgang, Chorhaupt, Chorkapelle
engl.: ambulatory, chevet, choir chapel
franz.: déambulatoire, chevet, chapelle absidiale
Der Chorumgang ist ein um das Sanktuarium herumgeführter Gang, meist
in der Breite und als Weiterführung der Seitenschiffe, das Chorhaupt ist
der radiale Teil des Chores, die Chorkapelle ein zum Chor hin geöffneter
Kapellenraum.

Dreikonchenchor, Dreiapsidenchor, Staffelchor
engl.: triconch (church), triapsidial choir, benedictine choir
franz.: choeur trèflé, chevet à trois absides, chœur bénédictin
Beim Dreikonchenchor schließen drei halbrunde oder polygonale Konchen
(gr.-lat.: Concha = Muschel) an das Vierungsquadrat, beim Dreiapsidenchor
enden Mittelschiff und Seitenschiffe in je einer Apsis und beim Staffelchor
liegen die Apsiden nicht auf einer Grundlinie, sondern rücken zum Mittelschiff
hin nach Osten vor.

Säule, Pfeiler, Strebepfeiler
engl.: column, pillar, buttress
franz.: colonne, pilier, contrefort
Eine Säule ist gewöhnlich dreigeteilt: in Kapitell, Schaft und Basis. Im
Unterschied zum Rundpfeiler zeigt sie eine Verjüngung oder eine Entasis,
ihr Säulenschaft besteht aus Trommeln oder einem Monolith, der Pfeiler ist
gemauert, und die Säule folgt einem bestimmten Proportionskanon in Anleh-
nung an die Proportionen des Menschen, der Pfeiler nicht.

Bündelpfeiler, Kreuzpfeiler, Kantonierter Rundpfeiler
engl.: compound pier, cruciform pier, cantoned pier
franz.: pilier fasciculé, pilier cruciforme, pilier cantonné
Pfeiler werden nach ihrer Querschnittsform benannt, so der Kreuzpfeiler.
Beim Bündelpfeiler tritt der Pfeilerkern als signifikante Form hinter die
Pfeilervorlagen zurück. Anders der kantonierte Rundpfeiler mit seinen vier
axialen Vorlagen vor rundem Pfeilerkern.

Lisene, Pilaster, Dienst
engl.: lesene, pilaster, respond
franz.: lésène, pilastre, colonnette
Die Lisene ist eine senkrechte Mauervorlage im Mauerverband und im Gegensatz zum Pilaster ohne Kapitel und nur selten mit Basis und Kämpfer. Sie dient der Wandgliederung, dagegen bereitet der Dienst die Gewölbebögen an Wand und Pfeilern vor.

Empore, Triforium, Laufgang
engl.: gallery, triforium, wall passage
franz.: tribune, triforium, coursière
Die Empore ist ein Raum in der Tiefe der darunterliegenden Seitenschiffe, ein Triforium ein Laufgang in Mauerstärke im Innenraum, ein Laufgang ganz allgemein ein Gang in Mauerstärke.

Fiale, Wimperg, Kreuzblume
engl.: pinnacle, gable, finial
franz.: pinacle, gâble, fleuron
Die Fiale ist eine pyramidale Zierform als Auflast der Strebepfeiler und besteht in der Regel aus einem vierseitigem Leib und einem pyramidalen Helm mit bekrönender Kreuzblume. Die Fiale tritt oft als seitliche Begrenzung von Wimpergarkaden auf, Wimperge sind giebelartige Bekrönungen von Fenstern und Portalen.

Dreiblatt, Couronnement, Blendmaßwerk
engl.: trifoil, coping, blind tracery
franz.: trèfle, couronnement, remplage aveugle
Während der Dreipass aus drei Kreisbögen zusammengesetzt ist, besteht das Dreiblatt aus drei spitzbogigen Blättern. Das Couronnement ist die bekrönende Maßwerkfigur über den Bahnen, beim Blendmaßwerk wird einer nicht durchbrochenen Mauerfläche Maßwerk vorgeblendet.

Mittelschiff, Seitenschiff, Transept
engl.: central nave, aisle, transept
franz.: nef centrale, bas-côté, transept
Stützenreihen unterteilen Kirchenräume in einzelne Schiffe, bei einem basilikalen Langhaus in ein breites Mittelschiff und zwei schmalere Seitenschiffe, das Querschiff ist ein quer zum Langhaus verlaufender Bauteil.

Gewände, Archivolte, Trumeau
engl.: jamb, archivolt, trumeau
franz.: jambage, archivolte, trumeau
Das Gewände ist die schräg geführte, profilierte oder abgetreppte Mauerfläche
eines Fensters oder Portals, Archivolten sind die Bogenläufe mittelalterlicher
Portale in Fortsetzung der Gewändegliederung und der Trumeau stützt als
mittlerer Steinpfeiler das Tympanon eines Portals.

Flachdecke, Kreuzgewölbe, Tonnengewölbe
engl.: flat roof, cross vault, barrel vault
franz.: plafond, voûte d'arétes, voûte en berceau
Die Flachdecke ist ein waagerechter Abschluss eines Raumes, das Kreuzgewölbe entsteht durch Verschneidung zweier gleich hoher Tonnengewölbe mit
halbkreisförmigem Querschnitt.

Kreuzrippengewölbe, Kreuzgratgewölbe, Netzgewölbe
engl.: ribbed vault, groin vault, net vault
franz.: voûte d'ogives, voûte d'arêtes, voûte réticulée
Beim Kreuzgratgewölbe stoßen die einzelnen Kappen in Graten zusammen,
beim Kreuzrippengewölbe werden sie mit Rippen unterlegt und das Netzgewölbe ist eine jochübergreifende Gewölbefigur mit maschenartig überkreuzten
Rippen.

Bogenscheitel, Scheitelkapelle, Scheitelrippe
engl.: vertex, retrochoir, ridge rib
franz.: vertex, chapelle axiale, nervure de sommet
Der Bogenscheitel ist der höchste Punkt eines Bogens, die Scheitelkapelle eine
auf der Mittelachse liegende Chorkapelle und die Scheitelrippe ist eine durchgehende Längsrippe, die entlang der Scheitellinie eines Gewölbes verläuft.

Scheidbogen, Gurtbogen, Rippenbogen
engl.: partition arch, transverse arch, rib
franz.: grand-arc, arc-doubleau, ogive
Der Scheidbogen trennt die einzelnen Schiffe voneinander, der Gurtbogen die
einzelnen Joche innerhalb eines Schiffes und der Rippenbogen die einzelnen
Kappen eines Joches.

Schildbogen, Strebewerk, Strebebogen
engl.: formeret, buttressing, flying buttress
franz.: arc-formeret, contrefort, arc-boutant
Der Schildbogen umreißt die Schildwand und damit die Anschlusslinie des Gewölbes an der Mauer. Das Strebewerk ist die Gesamtheit von Strebepfeilern und Strebebögen an einem Bauwerk. Strebebögen sind schwebende Arkadenbögen, die den Schub der Hochschiffgewölbe auf die Strebepfeiler der Seitenschiffe ableiten.

Kämpfer, Kapitell, Abakus
engl.: impost, capital, abacus
franz.: imposte, chapiteau, abaque
Der Kämpfer zeigt den Beginn der Krümmung eines Bogens an, das Kapitell ist das ausladende Kopfstück einer Stütze und der Abakus die meist quadratische Deckplatte über dem Kapitell.

Zwillingsfenster, Maßwerkfenster, Fensterrose
engl.: coupled window, tracery, rose window
franz.: fenêtre jumelée, rèseau, rosace
Zwei nebeneinanderliegende gekuppelte Fenster bilden das Zwillingsfenster, beim Maßwerkfenster tritt an die Stelle der Restmauerflächen profiliertes Stabwerk und die Fensterrose ist ein großes Rundfenster mit radial angeordnetem Maßwerk.

Doppelkirchenanlage, Doppelchoranlage, Doppelkapelle
engl.: double church, double choir, two-storey chapel
franz.: église double, église à double chevet, église à deux étages
Eine Doppelkirchenanlage besteht aus zwei aufeinander bezogenen Kirchenbauten, parallel nebeneinander oder axial hintereinander. Die Doppelchoranlage besteht aus einem Ost- und einem Westchor, die Doppelkapelle aus zwei übereinanderliegenden Kapellen, die oft durch eine mittlere Öffnung miteinander verbunden sind.

Kreuzgang, Dormitorium, Refektorium
engl.: cloister, dormitory, refectory
franz.: cloître, dortoir, réfectoire
Der Kreuzgang ist um den Rechteckhof einer Klausur angelegt und in ihm werden Prozessionen mit einem Kreuz abgehalten. Zur Klausur gehören auch der Schlafsaal, das Dormitorium, und der Speisesaal, das Refektorium.

Bogenportal, Sturz, Tympanon
engl.: arched portal, lintel, tympanum
franz.: portail en arceaux, linteau, tympan
Eine Portalöffnung kann mit einem geraden Sturz oder mit einem Bogen abgeschlossen werden, die Fläche innerhalb des Bogenfeldes ist das Tympanon.

Kreuzstock, Blendfenster, Sohlbank
engl.: window cross, blind window, window sill
franz.: fenêtre à croisée, fenêtre aveugle, fenêtre appui
Die Sohlbank ist der untere Abschluss eines Fensters, der Kreuzstock eine
Unterteilung der Fensterlichte mit vertikalem Pfosten und horizontalem
Kämpferstock. Das Blendfenster ist einer Mauer nur vorgeblendet, ohne dass
Fensteröffnungen dahinterliegen.

Stützenwechsel, Gebundenes System, Überfangbogen
engl. : alternating supports, ad quadratum, framing arch
franz.: supports alternés, plan basilical, arc de décharge
Der Stützenwechsel ist ein wiederkehrender Wechsel von Pfeilern und Säulen einer Stützreihe, der Überfangbogen übergreift zwei oder mehr Bogen-
öffnungen und beim Gebundenen System entsprechen im Grundriss einem
quadratischen Mittelschiffsjoch zwei quadratische Seitenschiffsjoche halber
Seitenlänge.

Westwerk, Narthex, Westchor
engl.: westwork, narthex, west apse
franz.: massif occidental, narthex, contre-choeur
Das Westwerk ist im frühen Mittelalter ein Westabschluss einer Kirche mit
Emporen um einen mittleren Raumschacht, der Narthex in frühchristlichen
Kirchen die vergitterte Vorhalle einer Basilika und der Westchor ein Chor als
Westabschluss einer Kirche.

Portalrahmung, Säulenportal, Giebelrelief
engl.: portal frame, columned portal, gable relief
franz.: encadrement du portail, portail à colonnes, relief de tympan
Die Öffnung eines Portals kann durch in die Laibung eingestellte Figuren
oder Säulen ausgezeichnet werden und wird dann Figuren- respektive Säulenportal genannt, die Portalrahmung ist der Bogenstirn vorgeblendet, das
Giebelrelief eine mit dem Mauergrund verbundene plastische Komposition
im Giebelfeld.

Bogenstirn, Bogenrücken, Laibung

engl.: voussoir, extrados, intrados

franz.: tête, extrados, intrados

Die Bogenstirn ist die Vorderseite eines Bogens, die Laibung die Innenseite und der Bogenrücken die Außenseite.

Schlussstein, Gewölbekappe, Joch

engl.: keystone, cap, bay

franz.: chef de voûte, voûtain, travée

Ein Joch ist die kleinste Einheit im Gewölbebau, es wird unterteilt in einzelne Kappen und zusammengehalten von einem zentralen Schlussstein.

Gebälk, Giebel, Traufe

engl.: entablature, gable, eaves

franz.: entablement, pignon, égout

Ein Gebälk ist die Gesamtheit von Architrav, Fries und Kranzgesims, der Giebel die Stirnseite eines Satteldachs, die Traufe die Längsseite.

Satteldach, Walmdach, Mansarddach

engl.: saddleback roof, wipped roof, mansard roof

franz.: toit en bâtière, toit en croupe, toit à la mansarde

Ein Satteldach besteht aus zwei ansteigenden Flächen. Werden auch die Giebelseiten geneigt, ist es ein Walmdach, werden die Traufseiten abgewinkelt, ein Mansarddach.

Pultdach, Zeltdach, Zwiebeldach

engl.: pent roof, pavillon roof, onion roof

franz.: toit en appentis, toit en pavillon, toit bulbeux

Ein Pultdach ist ein halbes Satteldach, ein Zeltdach ein flaches Pyramidendach über quadratischem Grundriss und das Zwiebeldach ein unten konvex ansteigendes und oben konkav geschwungenes Haubendach.

Inkrustation, Randschlag, Rustika

engl.: incrustation, recessed margin, rustication

franz.: incrustation, refend, rustique

Eine Inkrustation ist eine Mauerbekleidung aus verschiedenfarbigen Blendsteinen, ein Randschlag die genaue Zurichtung der Kanten der Ansichtsfläche eines Quadersteins wie beim staufischen Buckelquader und die Rustika ein Mauerwerk mit bewusst grob behauenen Ansichtsflächen.

Spolie, Monolith, Obelisk
engl.: spolia, monolith, obelisk
franz.: remploi, monolithe, obélisque
Eine Spolie ist ein wieder verwendetes Bauteil wie die antiken ravennatischen
Säulen im Wandaufriss des Aachener Münsters, der Monolith besteht aus
einem einzigen Stein und ein Obelisk ist ein quadratischer Steinpfeiler, der sich
nach oben verjüngt und mit einer kleinen Pyramide abgeschlossen wird.

Entasis, Volute, Kanneluren
engl.: entasis, volute, fluting
franz.: entasis, volute, cannelures
Entasis (griech.: Anspannung) bezeichnet eine leichte Schwellung des Säulenschaftes kurz unterhalb der Schaftmitte. Kanneluren sind senkrechte konkave
Rillen am Säulenschaft und Voluten seitliche Spiralformen des ionischen
Kapitells oder eines Giebels.

Gestelzter Bogen, Lanzettbogen, Segmentbogen
engl.: stilted arch, lancet arch, segmental arch
franz.: arc surhaussé, arc lancéole, arc surbaissé
Der gestelzte Bogen setzt mit seiner Krümmung erst oberhalb des Kapitells
oder des Kämpfergesimses an, der Lanzettbogen ist ein überhöhter Spitzbogen
und der Segmentbogen ein Rundbogen, dessen Durchmesser größer als die
Weite der Maueröffnung ist.

Korbbogen, Schulterbogen, Hufeisenbogen
engl.: basket arch, shouldered arch, horseshoe arch
franz.: arc en anse de panier, arc epaulé, arc outrepassé
Der Korbbogen ist ein Dreizentrenbogen, vom großen Radius leiten zwei
kleinere zu den geraden Seiten über. Beim Schulterbogen oder Konsolbogen
ist dieser große Radius durch einen gestelzten Sturz ersetzt, und der Hufeisenbogen setzt den Bogenlauf des Rundbogens unter der Kämpferlinie fort.

Risalit, Flügel, Pavillon
engl.: projection, wing, pavillon
franz.: avant-corps, aile, pavillon
Der Risalit ist ein vor die Flucht eines Bauwerks vorspringender Bauteil,
der Flügel ein an den Hauptbau anschließender eigener Baukörper und ein
Pavillon ein durch ein eigenes Dach stärker als der Risalit vom Hauptbau
geschiedener Bauteil.

Bruchstein, Backstein, Quader

engl.: rough-stone, brick, square stone

franz.: moellon, brique, pierre de taille

Bruchsteine werden im Gegensatz zu behauenen Werksteinen roh oder nur wenig zugerichtet verwendet, Backsteine sind aus Ton oder Lehm geformte Bausteine und Quader in regelmäßiger Form behauene Werksteine.

Balustrade, Baluster, Brüstung

engl.: balustrade, baluster, parapet

franz.: balustrade, balustre, parapet

Eine Balustrade ist ein aus Balustern gebildetes durchbrochenes Geländer. Der Baluster (von griech.: balaustion = Granatapfel) ein untersetztes Stützglied mit geschwelltem Schaft und die Brüstung ganz allgemein eine brusthohe Sicherung.

Literaturverzeichnis

ARBEITER, Achim: Alt-St. Peter in Geschichte und Wissenschaft. Berlin 1988.

BANHAM, Reyner: Die Revolution der Architektur. Theorie und Gestaltung im ersten Maschinenzeitalter. Braunschweig 1990.

BAUMÜLLER, Barbara: Der Chor des Veitsdomes in Prag. Berlin 1994.

BESELER, Hartwig u. ROGGENKAMP, Hans: Die Michaeliskirche in Hildesheim. Berlin 1954.

BINDING, Günther: Architektonische Formenlehre. 4. Aufl. Darmstadt 1998.

BONY, Jean: French Gothic Architecture of the 12th and 13th Centuries. London 1983.

BRANNER, Robert: St. Louis and the Court Style in Gothic Architecture. London 1985.

CLEMEN, Paul (Hg.): Die Kunstdenkmäler der Rheinprovinz, Bd. 10/Abt. 1. Die Kunstdenkmäler der Stadt Aachen. Das Münster zu Aachen. Düsseldorf 1916.

DAHM, Lambert: Trier. Stadt und Leben in römischer Zeit. Trier 1991.

EDGERTON, Samuel Y.: Die Entdeckung der Perspektive. München 2002

FEHR, Götz: Benedikt Ried. München 1961.

FLEURY, Michel: Paris. München 1974.

GLOSSARIUM ARTIS. Deutsch-französisches Wörterbuch zur Kunst. Bd. 3: Bogen und Arkaden. Tübingen 1973; Bd. 6: Gewölbe. München, New York, London, Paris 1988.

GOSE, Erich: Die Porta Nigra in Trier. Berlin 1969.

GURRIERI, Francesco: La Basilica di San Miniato al Monte a Firenze. Florenz 1988.

HAHNLOSER, Hans Robert: Villard de Honnecourt. Kritische Gesamtausgabe des Bauhüttenbuches ms. Fr 19093 der Pariser Nationalbibliothek. 2. Aufl. Graz 1972.

HAMANN-MCLEAN, Richard u. SCHÜSSLER, Ise: Die Kathedrale von Reims. Teil 2. Die Skulpturen. Bd. 7: Abbildungen Innere Westwand und Ornamentik. Stuttgart 1996

HAUSHERR, Reiner: Bible moralisée. Codex Vindobonensis 2554 der Österreichischen Nationalbibliothek. Graz 1992.

HELLMAN, Louis: Architecture for Beginners. New York 1984.

HELTEN, Leonhard: Mittelalterliches Maßwerk. Entstehung – Syntax – Topologie. Berlin 2006.

JACOBSEN, Werner, LOBBEDEY, Uwe u. WINTERFELD, Dethard von: Ottonische Baukunst. In: Otto der Große. Magdeburg und Europa, Matthias Puhle (Hg.), Mainz 2001, S. 251–282.

JUNG, Wilhelm: Die ehemalige Prämonstratenser-Stiftskirche Knechtsteden. Ratingen 1956.

KEMP, Wolfgang: Kommunikative Distanz. Zu den Anfängen der Fassade am Beispiel des Trierer Doms. In: Re-Visionen. Zur Aktualität von Kunstgeschichte, Barbara Hüttel, Richard Hüttel und Jeanette Kohl (Hg.), Berlin 2002, S. 3–24.

KIMPEL, Dieter u. SUCKALE, Robert: Die gotische Architektur in Frankreich 1130–1270. München 1985.

KLOTZ, Heinrich: Filippo Brunelleschi. Seine Frühwerke und die mittelalterliche Tradition. Stuttgart 1990.

KOEPF, Hans: Bildwörterbuch der Architektur. 3. Aufl. Stuttgart 1999.

KRUFT, Hanno-Walter: Geschichte der Architekturtheorie. 3. Aufl. München 1991.

LANDAU, Sarah Bradford: Rise of the New York Skyscraper. 1865–1913. New Haven 1996.

LAUGIER, Marc Antoine: Essai sur l'Architecture. Anonym veröffentlicht Paris 1753, personalisiert Paris 1755.

LEEUWEN, Ton van: The Skyward Trend of Thought. Den Haag 1986.

LEHMANN, Edgar: Der frühe deutsche Kirchenbau. Die Entwicklung seiner Raumanordnung bis 1080 (Diss. phil. Jena 1935), Berlin 1938.

MAAS, Walter u. WOOPEN, Herbert: Der Aachener Dom. Köln 1984.

METTERNICH, Wolfgang: Der Dom zu Limburg an der Lahn. Darmstadt 1994.

MURRAY, Peter: Architektur der Renaissance. Stuttgart und Mailand 1975.

NERDINGER, Winfried: Walter Gropius. Berlin 1985.

NOVA, Alessandro: Michelangelo der Architekt. Darmstadt 1984.

NUSSBAUM, Norbert: Deutsche Kirchenbaukunst der Gotik. Entwicklung und Bauformen. Köln 1985.

PEHNT, Wolfgang: Deutsche Architektur seit 1900. München 2005.

PEVSNER, Nikolaus: Europäische Architektur von den Anfängen bis zur Gegenwart. München 1967.

PROPYLÄEN KUNSTGESCHICHTE IN ACHTZEHN BÄNDEN. Berlin 1967–1974. Bd. 1: Karl Schefold: Die Griechen und ihre Nachbarn. 1967; Bd. 5: Hermann Fillitz: Das Mittelalter I. 1969; Bd. 7: Jan Białostocki: Spätmittelalter und beginnende Neuzeit. 1972.

RUDOFSKY, Bernhard: Architektur ohne Architekten. Eine Einführung in die anonyme Architektur. 2. Aufl. Salzburg 1993.

RYKWERT, Joseph: Adams Haus im Paradies. Die Urhütte von der Antike bis Le Corbusier. Berlin 2005.

SANDRART, Joachim von: Teutsche Academie der Bau-, Bild- und Mahlerey-Künste. 3 Bde., Nürnberg 1675–1679.

SCHEDLER, Uta: Filippo Brunelleschi. Synthese von Antike und Mittelalter in der Renaissance. Petersberg 2004.

SCHUBERT, Ernst: Stätten sächsischer Kaiser. Leipzig, Jena, Berlin 1990.

SCHÜTZ, Bernhard: Romanik. Die Kirchen der Kaiser, Bischöfe und Klöster zwischen Rhein und Elbe. Freiburg i. B. 1990.

STEINHAUSER, Monika: Die Architektur der Pariser Oper. Studien zu ihrer Entstehungsgeschichte und ihrer architekturgeschichtlichen Stellung. München 1969.

STOMMER, Rainer: Hochhaus. Der Beginn in Deutschland. Marburg 1990.

SUMMERSON, John: The Classical Language of Architecture. London 1980.

WINTERFELD, Dethard von: Die Kaiserdome Speyer, Mainz, Worms und ihr romanisches Umfeld. Würzburg 1993.

WITTKOWER, Rudolf: Grundlagen der Architektur im Zeitalter des Humanismus. 2. Aufl. München 1990.

WOLFF, Arnold: Der gotische Dom in Köln. Köln 1986.

WUNDRAM, Manfred u. PAPE, Thomas: Andrea Palladio 1508–1580. Architekt zwischen Renaissance und Barock. Köln 1988.

ZAHN, Eberhard: Die Basilika in Trier. Römisches Palatium – Kirche zum Erlöser. Trier 1991.

ZÖLLNER, Frank: Leonardo da Vinci 1452–1519. Köln 1999.

ZUCKOWSKY, John: Chicago Architecture 1872–1922. Die Entstehung der kosmopolitischen Architektur des 20. Jahrhunderts. München 1987.

Abbildungsnachweis

Arbeiter 1988: 17; Baumüller 1994: 76, 77; Beseler 1954: 30, 32, 33; Bony 1983: 47, 49, 60 (Grundriss), 61 (Grundriss); Clemen 1916: 69; Dahm 1991: 19; Edgerton 2002: 115 (Rekonstruktion); Fehr 1961: 78–82; Fleury 1974: 110; Gose 1969: 20; Gurrieri 1988: 89; Hahnloser 1972: 56, 62–65; Hamann-McLean 1996: 53; Hausherr 1992: 42; Hellmann 1984: 8; Institut für Kunstgeschichte, Halle: 103; Jacobsen 2001: 27; Jung 1956: 41; Kemp 2002: 20 (Detail); Kimpel/Suckale 1995: 45, 46, 52, 55, 60, 61, 67; Klotz 1990: 83, 86, 87, 108; Klotz 1991: 107; Koepf 1999: 25, 31; Kruft 1991: 11; Landau 1996: 116; Leeuwen, van 1986: 117, 121; Maas/ Woopen 1984: 22, 23, 68; Metternich 1994: 54; Murray 1975: 84, 85, 88 (Detail), 92, 93, 104–106; Nerdinger 1985: 120; Nova 1984: 109; Nussbaum 1985: 71; Bildarchiv Foto Marburg: 66; Propyläen Kunstgeschichte: 5, 9, 10, 16, 40, 88, 94, 95; Rudofsky 1993: 1–4; Rykwert 2005: 7; Sandrart 1675: 12; Schedler 2004: 91; Schütz 1990: 21, 24, 26, 36; Steinhauser 1969: 111; Stommer 1990: 118, 119; Summerson 1980: 98–102, 109; Winterfeld 1993: 28, 34, 35, 37, 38; Wittkower 1990: 15; Zahn 1991: 13; Wolff 1998: 58, 59; Wundram/Pape 1988: 107 (Grundriss); Zöllner 1991: 14; Zuckowsky 1987: 112–115, 122

Alle übrigen Aufnahmen stammen aus dem Archiv des Autors.

Namens- und Ortsregister

Leonhard Helten
Mittelalterliches Maßwerk
Entstehung – Syntax – Topologie
283 Seiten mit 135 s/w-Abbildungen
Leinen mit Schutzumschlag
ISBN 978-3-496-01342-6

Achim Todenhöfer
Kirchen der Bettelorden
Die Baukunst der Dominikaner und Franziskaner
in Sachsen-Anhalt
ca. 470 Seiten mit 240 s/w-Abbildungen, Plänen
und Zeichnungen
Gebunden
ISBN 978-3-496-01396-9

Cornelia Jöchner (Hg.)
Räume der Stadt
Von der Antike bis heute
386 Seiten mit 21 Farb- und
141 s/w-Abb.ildungen
Broschiert
ISBN 978-3-496-01393-8

Dagmar Jäger
Schnittmuster-Strategie
Eine dialogische Entwurfslehre für Architektur,
Design und Kunst
528 Seiten mit 271 s/w-Abbildungen
Broschiert
ISBN 978-3-496-01400-3

REIMER

www.reimer-verlag.de